自治体議会政策学会叢書

地域防災・減災 自治体の役割

―岩手山噴火危機を事例に―

斎藤 徳美 著
（岩手大学副学長）

イマジン出版

目　　次

はじめに …………………………………………………………… 5

序　章「私と地域防災とのかかわり」………………………… 7
 1.「象牙の塔からINSへ」………………………………… 7
 2.「大学の資産を地域に生かす」………………………… 10
 3.「新しい地域づくりとは」……………………………… 17

第2章「自然災害は地球の息吹である」……………………… 23
 1.「自然災害で国土ができた」…………………………… 23
 2.「さまざまな自然災害の形」…………………………… 27
 3.「地震の予測は困難」…………………………………… 31

第3章「自治体は何をなすべきか」…………………………… 37
 1.「地震災害の形態はさまざま」………………………… 37
 2.「阪神・淡路大震災に学ぶ危機管理」………………… 40
 3.「災害に強いまちづくり」……………………………… 42
 4.「最大の欠点　専門性と継続性の欠如」……………… 45
 5.「地域連携の必要性」…………………………………… 46
 6.「安全から見た中山間地域の課題」…………………… 48

第4章「1998年岩手山噴火危機での災害対応の実際と教訓」…… 50
 1.「火山災害の特徴」……………………………………… 50
 2.「岩手山　ことの始まりと経緯」……………………… 53
 3.「だれも岩手山の噴火の経験がない」………………… 55
 4.「地元は蚊帳の外」……………………………………… 57
 5.「火山災害の軽減」……………………………………… 59
 6.「地域連携の防災体制」………………………………… 61
 7.「INS『岩手山火山防災検討会』の取組み」………… 63
 8.「研究者・行政の橋渡し」……………………………… 68
 9.「災害情報の公開と報道」……………………………… 75
 10.「自治体の火山観測への協力」………………………… 78

11.「入山規制緩和への道のり」………………………………… 81
　12.「『岩手方式』の意義」………………………………………… 85
　13.「キーパーソンと強力な指導力」……………………………… 87
　14.「今後の共生への課題」………………………………………… 90

第5章「減災の四角錐　安全を守る連携の形」………………… 92
　1.「岩手で実践された減災の四角錐体制」……………………… 92
　2.「あらゆる自然災害へ適用ができる」………………………… 94
　3.「あらためて自治体がなすべき役割」………………………… 95

おわりに ……………………………………………………………… 98

著者紹介 ……………………………………………………………… 100

コパ・ブックス発刊にあたって ………………………………… 101

はじめに

　わが国では、近年、地震・津波・噴火災害が多発し、また風水害も繰り返し発生しています。1995年、われわれは茶の間でテレビ映像としてリアルタイムで、大都市直下で起きた地震による惨状を初めて目の当たりにしました。6,300名余の犠牲のうえに、危機管理体制の整備など、防災体制は一定の前進を見たといえます。しかし2003年には、5月に宮城県沖の地震、7月に宮城県北部の地震、9月に十勝沖地震が連続して発生、2004年10月の新潟県中越地震では、都市とは異なる中山間地での地震災害の姿に直面しました。そして、明治三陸大津波で2万人を超える犠牲者を出しながら風化しつつあった津波災害に対する備えの必要性を、2004年12月のインドネシアの地震による大津波が改めて警告することになったのは記憶に新しいところです。

　一方で、2000年の有珠山の噴火は復興に向けた取組みが進んでいますが、同年に噴火した三宅島では、4年ぶりの帰島が実現したものの、火山ガスとの闘いはなお継続しています。

　地震・火山列島である日本で、地震や火山噴火が発生するのをとどめることはできません。わたしたちにできることは、いかに被害を少なくするか、すなわち減災への取組みです。その際に、防災の実務に携わる自治体の組織、そして職員一人ひとりの認識が成果を左右します。

　筆者は、地震防災に係わる研究者の1人として、長く岩手の地を対象に地域防災の研究を行ってきましたが、

1998年からの岩手山の噴火危機に際して、自治体・住民・報道関係者などと連携した防災体制の構築に携わることとなりました。幸いに岩手山は噴火には至らず、2004年から全面的な入山の規制緩和が行われるなど、このたびの噴火危機対応は一つの区切りを迎えたと考えていますが、この間、自治体の減災への役割の重要性や課題を認識させられることとなりました。一方で、2004年4月には国立大学の法人化にも直面し、異なる視点から自治体の役割を考えさせられました。

　本書では、岩手山の噴火危機対応の経験を主に、自然災害から地域の安全を守るために自治体がなすべき役割について述べさせていただきます。

序章「私と地域防災とのかかわり」

1 「象牙の塔からINSへ」

　筆者は工学部の資源工学という学科を卒業して、地表からは見えない地下の構造を調べる、また地下に有用な資源がないかどうか探るという研究を行ってきました。1983年に岩手大学に赴任しましたが、当時、岩手地域では地熱の開発が盛んで、筆者も岩手山の周辺で電気を流したり、地震波を調べたり、あるいは磁場を測定して、地下の構造がどうなっているか、熱源あるいは割れ目がどこにあるかを調査する研究などを進めておりました。

　しかし、そのような開発研究は一定の段階に達し、また日本の国の中でも資源探査の対象は少なくなってきました。大学の学科も資源開発工学科から建設環境工学科と様変わりをして、筆者らの研究室も地下構造の解析を地域の安全に役立てるような応用分野に転換を図ることになったわけです。

　日本は地震国です。地震はどこでも発生します。しかし、地震が起きた場合には、どこも同じように揺れるのではなくて、（震源に近いほど揺れが大きいのは当然ですが）地下の地盤の状況によって揺れ方が大きく違います。地下構造の調査を行うことによって安全を確保する、という視点で地震防災に対する研究を進め、一方でこのような研究を地域防災に生かすためには地域のいろいろ

な方々と連携することが必要であると考えてきました。

　昔は、大学は「象牙の塔」と称され、高尚な学問を閉じこもって行うことが大変価値があると思われた時代がありました。しかし、十数年前から筆者らは、大学の研究をいかに地域に活用するか、地域に生かされて初めて大学の存在価値があるというように考えを変えてきました。そのような考えを持った何人かの仲間と「岩手ネットワークシステム」（略称INS）という組織を立ち上げて、大学の研究者、地域の行政の方々、企業の方々、あるいは住民の方々と一緒に、この地域をどのように活性化していくかということを考える場を持ってきたわけです。

　当時、INSは「いつも、飲んで、騒ぐ会」といわれておりましたが、会が大きくなるにしたがって、愛称としていささか格好が悪いというので、筆者らは「いつか、ノーベル賞を、さらう会」（INS）という名称も考えました。ただし、研究者の多くは農学部や工学部ですので、現実はノーベル賞は無理だろうと思っています。

　このINSは、設立当初は、大学、特に工学部・農学部の基礎的な研究成果を民間企業に移転して実用化を図り、よって地域の活性化を図ることを主たる目的にしていましたが、様々な研究グループが立ち上げられる中で、地域とのかかわり合いも多様になってきました。

　筆者らは、地域の安全を守るという目的で、1995年にINSの中の研究会として「地盤と防災研究会」を立ち上げました。この研究会には、地質・地下計測・土木・構造・防災・環境といった分野の研究者、あるいはそれにかかわる行政関係者、そして民間の企業の方々が参加し、お互いに連携することによって地域の安全を確保しようという検討が進められてきました。

　研究の成果は「盛岡市域における地盤特性と詳細震度

分布」といった厚い冊子などにもまとめられ、これらは盛岡市の建設・消防・警察などの防災関係の部署、あるいは県などにも提供され、また民間の会社にも配布されました。しかし、これらの資料が十分に活用されたかというと、後で述べる行政の担当者の異動など、いろいろな事情によって、必ずしも有効に活用はされなかったと思われます。

　1998年になり、地元では活火山と認識されていなかった岩手山で、火山性地震や地殻変動等が発生し始めました。だれも体験したことのない噴火の危機に際し、火山防災体制をどうするのか、特に火山観測情報を地元の防災実務にどのように生かすかなど、様々な課題が突きつけられ、「地盤と防災研究会」の分科会として設立されたINS「岩手山火山防災検討会」が様々な防災体制の確立にけん引力を発揮することになりました。

　このような経緯の中で、筆者は、地域防災の研究者としての立場から踏み込んで、防災体制を構築する実践の場で地域防災に深くかかわることになってきたわけです。

● 「象牙の塔からINSへ」

② 「大学の資産を地域に生かす」

　2004年の4月から、国立大学は国立大学法人ということで組織が変わりました。何がどう変わったのかというご質問をよく頂戴します。分かりにくい点が多いと思います。大きく変わった点は、今まで、特に地方の国立大学は、「国の大学」という教育機関の一つとして、どちらかといえば統一した規格での教育を行うことになっておりましたけれども、これからは「各地域の大学」として、その特性を生かす、自立をすることが求められます。岩手大学は「岩手の"大地"と"ひと"と共に」をスローガンに、岩手の風土と文化の中で国際的にも貢献できる人材の育成を目指します。

　また経済的には、今までどおりに運営費の多くは国からの運営費交付金という形で、いわば皆さんの税金で賄うことには変わりありませんけれども、これからは、与えられた経費の中で、また自主収入も含めて、その範囲内での経営に責任を負うことが求められます。

　筆者は、法人化とともに、理事・副学長という役目を仰せつかっています。法律上は役員ということで、研究・教育を本務とする教授の身分ではなくなってしまいました。役員は様々な面での責任を負わされることになります。ただし、大学法人は教育・研究を主要な任務とする特殊な組織ですので、教員の人事権等は教授会が持っていますし、様々なお金の使い方についても全学の協議を経ます。通常の会社のように役員が大きな権限を持ち、いわゆるトップマネージメントで急ハンドルを切れるものではありません。教員出身の役員は任期を終える

と教員に戻ることになります。

　しかし、意識的には大きな変革が進められています。岩手大学でも、大学の経営戦略を掲げています。学生の立場に立った教育サービス、地域特性を踏まえた研究、教員の多面的な評価システム、知的創造サイクルの確立といった目標を掲げて、役員も教職員も一体化して大学の運営に当たるよう認識の共有を図っています。

　少子化により日本の人口は減少しています。大学では、2007年には入学希望者と入学定員がほぼ同じになる、いわば「大学全入時代」を迎えるという予測がなされており、その時点では待ったなしの改革と、生き残りをかけた厳しい状況が出てくるものと考えられます。

　山梨大学の伊藤　洋前副学長さんがお書きになった、国立大学法人には三つの悪霊がいる、デーモンがいるというお話を読んだことがあります。

　一つ目は、「少子化」というデーモンです。少子化によって、18歳人口が減る。すると否応なしに、これまで膨張を続けてきた大学が淘汰に遭うという必然的な状況が生まれるわけです。

　2番目のデーモンは、「貧困」というデーモンです。国をはじめ、各自治体は大きな赤字を抱えています。その大きな赤字を返却するためには、今まで以上に経済の活性化等が必要です。しかし、わが国が十数年前に味わったような、いわゆるバブルが二度と来ることはなく、団塊の世代が退職し、労働人口も減り、子どもの数も減る中で、そのような経済の大きな活況といったものはほとんど期待できないと思います。その国のお金で運営する大学について、これ以上多額のお金をかけるといったことはほとんど不可能であり、この貧困といったものも、大学にとって構造的な大きな、そしてネガティブな要件

と言えると思います。

図1　国立大学法人岩手大学の経営戦略

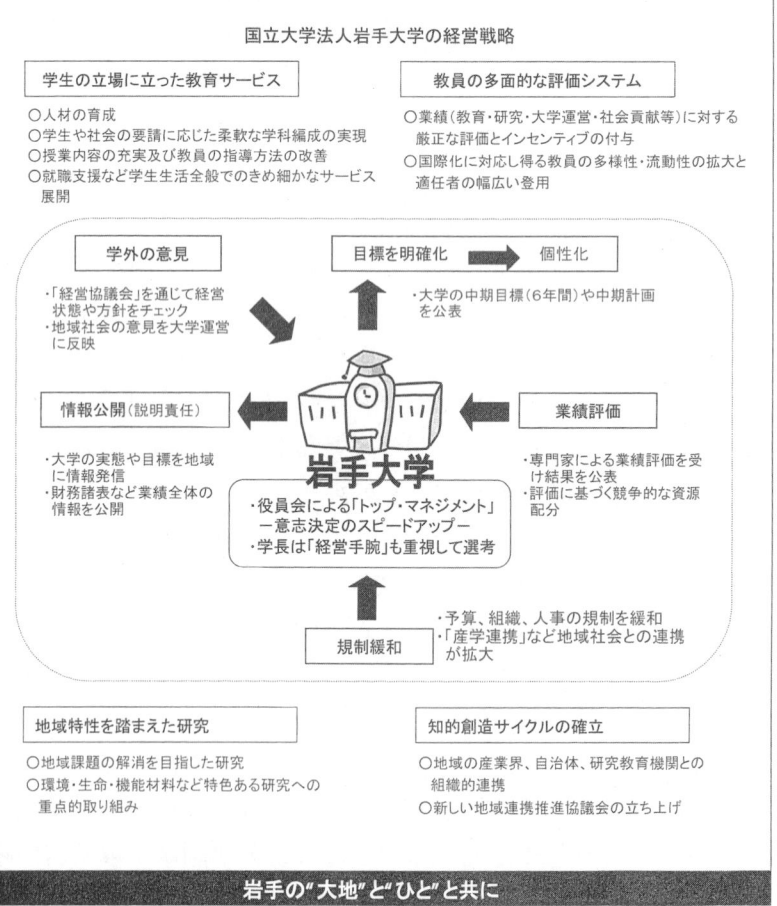

　これらへの対応については、まだ処方箋があります。少子化については、それなりに特徴を出した大学運営によって志望者を増加させる、あるいは社会人教育等、様々な方法によって大学に入学する人間を確保することができましょうし、貧困というデーモンに対しては、大

学が独自に外部資金を導入する、様々な経営努力によって乗り越えていく可能性があると思われます。

　３番目に掲げられているのが、「改革に対する意欲と能力の欠如」というデーモンです。今まで、大学は自由な研究の場として自治が保障され、またその環境の中で新しい自由な学問が育まれるという、いわば柵の中に安住できる状況にありました。しかしこれからは、限られた人員で教育の質を上げ、研究の成果も出さなければいけません。その中では、様々な機構の改革、また意識改革といったものが必要になります。しかし、当事者である大学の教員・職員が、自らの改革に自主的に、組織的に動くことは容易ではありません。また、そのような場にどっぷりつかっていた人は、改革の意欲を持つことも難しく、改革を成し遂げる能力も培われてこなかったと指摘されれば全面的には反論できないのが現実です。

　そのために、各大学法人では、教員の多面的な評価システムを導入する、あるいは経営に外部の委員を入れる等、様々な血を入れることによって、変革を進め、新しい大学をつくり上げようとする試みを行っておりますが、これは自治体においても同じことが言えるのではないかと思います。

　これまで、県・市町村の各自治体においては、職員はいったん勤めた場合には、不祥事を起こさぬ限り定年までクビになることはない。それに、いわれ尽されてきた行政の無責任体質、「前例に従い、慎重審議をし、そして玉虫色の結論で先送りをする。何一つ変わらないで、だれも責任を取らない」、も現存します。このような意識をどう変革していくかについては、今、法人化で様々な変革を行っている国立大学法人から見ても、まだまだ甘い認識にあるのではないかと思われます。

岩手大学には、2名の監事という、大学の運営について外部から意見を言う立場の人がおります。そのうちの1人は会計事務所を経営している方で、先日、幹部職員の研修で、以下のようなことを話していました。
　会社員には、黒字社員、仮性赤字社員、真性赤字社員の三つの社員がいる。黒字社員は、言うまでもなく、本人の給料はもちろん、会社組織を運営する分までの利益を十二分に上げて、会社の経営に貢献をしている社員である。仮性赤字社員は、自分の給料分だけは稼げるけれども、会社組織全体を維持するための分までの利益は上げていない。しかし、この仮性赤字社員は、今後の努力によって十分黒字社員に転換することが可能であるケースが多い。真性赤字社員は、自分の給料すら稼げない、あるいは稼ぐ意思もない。これは能力的に言って、会社に貢献できるレベルまで到達することはほとんど不可能と思われる社員である。この真性赤字社員が一定割合以上になった暁には会社は倒産するというお話でした。
　一体、岩手大学には真性赤字社員が何割いるのかという厳しいご指摘に、国立大学法人は民間会社ではないと認識しつつも、このような視点でみると大学はどんな状況なのか考えさせられました。われわれは十分な回答をすることができなかったわけでありますけれども、前述の事柄は自治体においても全く同様に当てはまる話ではないかと思います。
　三位一体改革、地方への権限委譲など国家的な機構改革が進められつつありますが、筆者には論をはさむ見識はありません。身近な事例でいえば、自治体はこれまで国の箱物の補助金を入れて補助金行政によって事業を展開してきました。いずれその分の運用資金については自治体が負担しなければならないし、何よりも少子化、す

なわち自治体の人口がどんどん減っていくということで、経済的にも今後大きな発展が望めない以上、このような体質で自治体が成り立つわけがありません。そのような現状で、だれも責任を取らないという体制で自治体の運営がなされていった場合には、一体どうなるのか。これは想像に難くない。老後の自分とそのときの地域の姿を重ねて思い描くなどしたくはないが、先はとんでもない事態が見えているとしか言いようがありません。

特に防災という観点からの事業で言えば、被害がゼロで当然、批判を受けても事業にお金を使ってプラスに評価されることはほとんどありません。そのために、首長さんにしても票にならないということで、防災に対しては長期的な戦略を持って資金を投入し、また優秀な職員を長期に配属して推進を図るといったことはあまり行われてこなかったという状況があります。突然に起きた災害については、結果として教訓が残されるものの、担当者が替わって培われた経験はゼロにクリアされ、同じ過ちが繰り返されるということが、あったと思われます。

わたしたちは、これから地方大学が長期的に生き抜いていく戦略として「知的創造サイクルの確立」ということを考えています。大学は、工学部系統の科学技術・特許などの知的資産のほかに、文系学部においても文化・知性・教育といった面での知的な資産をたくさん保有しています。これらの資産をできるだけ地域で活用する、民間企業に対しての技術援助あるいは実用化といった作業、あるいは地域の課題について大学の知恵を絞って自治体に支援する活動、地域の住民の方々への生涯教育、あるいは先生方の再教育等への支援等、様々なそのような知的支援に基づいて、地域に大学を認知してもらい、また必要な場合には資金の一部を提供してもらう。それ

らの資金を元に新たな研究を深め、さらに知的資産を生産し、これを再び活用することによって、大学の地域における位置づけを深めていくといった発展的な可能性が出てくると考えています。

　当然、大学の収入の一部は授業料であり、学生さんがお客さんとして入学を目指さなければ、大学自体の存立の意義はなくなります。そのためには、地域の中で大学の教育研究活動を理解してもらう。また地域に役立つという観点から、学生さん方にぜひ本学で学びたいという意欲を持ってもらう。また親御さんたちも、ぜひ子どもさんたちをこの大学に入れたいというような意識を持ってもらうことによって、この知的創造サイクルは、一方で大学の経済的な一つの基盤についても大きな貢献をなしうる、と考えています。

　自治体においても、質は違うけれども、そのような長期的な取組みを考えなければ先が見えない時代だと思っています。防災のみならず、地域の特徴、地域住民への貢献といった位置づけ、まさに岩手大学が「岩手の大地と人と共に」歩もうとするように、岩手の自治体は岩手の大地と人がなければ存在しえない。そのような観点での施策をこれまで以上に考えていかなければならない。まだまだその認識が十分とはいえないと思います。

　では、そのような新しい地域づくりは、どのようなキーワードで描かれるのでしょうか。そのことは次の３節で、述べたいと思います。

 「新しい地域づくりとは」

　わたしたち団塊の世代、あるいは若干その上の世代は、先の大戦以降の日本の経済状態が悲惨であった頃の思いを鮮明に記憶しています。筆者が子どものころには、砂糖などというものはほとんど手に入りませんでした。うちの祖母が作った甘酒が唯一の甘いごちそうでしたし、そのほか甘みは、人工甘味料であるサッカリンなどを使った苦い甘みでした。そのようなものでも「おいしい、おいしい」と言って食べた記憶が残っています。

　それに対して、現在はまさに飽食の時代です。わたしたちも反省しなければなりませんけれども、ホテルのパーティーで豪華な料理をほとんど食べ残す。アフリカなどでは子どもが飢えているのに、手がかかり、エネルギーも大量に消費した貴重な食材をすべて残すというむだをして、それが当たり前という感覚になっています。わたしたちは、特に大学の構内の食堂や、近くのなじみのホテルでのパーティーなどであれば、必ず折りを出してもらって、残った料理はすべて持ち帰って、決して無駄にならないようにというようなことを始めています。しかし、巷のほとんどのホテルで食べ物の持ち帰りは許されません。中毒を恐れているのでしょうけれども、ほとんど捨てられるというむだなことが繰り返されております。

　しかし、今までのように、日本が経済的に世界で優位な立場におり、その金力をもって贅沢な資源を山ほど仕入れてくるといった時代は終わります。当然、先進国の後に続く世界の国々が日本と同じような経済発展を遂げ

たとき、限られた食糧は当然限られたパイの中からしか得られないことになります。私たちは、自分たちのこの見掛け上の繁栄について、もう少し節度を持って考えなければならないのではないかと思います。

そこで、筆者が考えている第1の要点は、まず「ひもじくなく」です。必要なカロリーがそれなりにとれるということを基本に置かなければならないと思います。

第2のポイントは「安全」です。今、世界の各地では、テロによって多数の方が亡くなっています。幸いにして日本では地下鉄サリン事件以降そのような事件は発生していませんけれども、通りすがりに理由なしに人を刺す、あるいは親子の間でも、キレた状態で親を、あるいは息子を殺害するという悲惨な事件がたくさん起きています。わたしたちは、機械文明の進んだこの便利な世の中では、だれが突然の事故—列車の脱線、飛行機の墜落、あるいは交通事故—それも万に一つの小さなミスによって発生するのですが、それらに遭遇するか、知れたことではありません。しかし、そのような、人間が100％の安全を保ち得ないことに起因する不幸な出来事はともかくとして、あえて人が人を殺し合うようなことが起きないような安全な社会がこれから望まれることではないかと思います。

ちなみに、最近思うことですけれども、世界で戦争が起きていない年はありません。最も繁栄を誇っている強力なアメリカ合衆国にしろ、多くの若者が自ら打って出た戦争によって命を失っているという現状があります。過去60年にわたって一度も戦争を起こさなかった国、日本というものは、もっと世界に誇ってもいいのではないか。安全の一番の基本は、国の争いをしない、このことに尽きるのではないかと思いますけれども、いかにして

安全な社会を維持するかということが、新しい地域づくりの次のポイントだと思います。

　三つ目のポイントは「心豊かに、心安らかに」と、筆者は考えています。「人生、五十にして立つ。六十になったらすべて達観して」と思っておりましたが、私も60歳を超えました。還暦などといったものは考えたこともなかったものが、「えっ、なんで？」という思いとともに、もっと達観できないものか、いや、これから先、どう人生を生きたらいいものかという思いと、百八つでは済まない様々な煩悩の炎にさいなまれて、という現実に触れております。「足るを知る」と目の前に短冊を置きつつ、なおかつ、小さな欲望、人間の業とも言うべき、ねたみ、憎しみ、様々な感情に振り回され、いかにして心安らかな境地に達するかということは難しいものだと思っています。しかし、社会あるいは地域の中で、人の交流、つながりの中で、もっと安らかに、心豊かなという、そのような社会づくりは可能であろうと思うのです。

　そのような観点から、私は、これからの新たな地域づくりのキーワードは「ひもじくなく、安全で、心安らかに」と考えており、そのために各自治体も様々な施策を講じていかなければならないと思っています。

　特に安全という観点から言えば、自然災害は必然的にわたしたちを襲います。これらをすべて防ぐことはできないわけですけれども、どのようにして安全を確保するかということは、自治体の大きな目標になるものと思います。

　防災の実務に関する主体的な役割は、自治体の職員が果たします。しかし、後で述べますように、自治体の職員だけでは地域の安全を確保することはできません。地域の住民、研究者、さらには企業、技術集団とも協力し

て、連携の絆を深めることによって地域の安全を守ることが可能になります。そのために、第2章で述べる、危機管理体制の整備と長期的な災害に強いまちづくりに対する施策をどう進めるか。それについて、住民および企業など、いろいろな方々の理解をどのように得るかといったことが、これからの自治体の課題ではないかと思います。

　筆者は、2010年度までの岩手県の「総合計画」の起草委員長を務めさせていただいたことがあります。そのときに、岩手県の県土づくりの理念として「自立・参画・創造」というキーワードを並べました。これは今後の地域において、お上がすべてやってくれる、そのような幻影はもはやあり得ない。住民一人ひとりが、自分たちでできることを成し遂げる。まず自立をする。そのうえで、この地域をどのようにもっていくかというテーマについて参画をし、そして行政あるいは住民も手を組んで、新しい地域づくりを行う。これが自立・参画・創造で、いってみれば、新しい地域をつくるためには、それぞれが責務を果たして自立することが一番の基本であるという、ある面では非常に厳しい責務を掲げたと考えております。

　その総合計画を実施するに当たり、わたしたち委員は幾つかの提言をしました。その一つは、計画を実施するためには、行財政改革が不可欠である。最も行政に欠けるところは、職員が次から次へと異動し、責任を全うする体制がないことです。例えば防災という観点にしても、一つの地震を体験し、あるいは一つの噴火の危機対応を体験して、それなりに専門家になった人間は、2年あるいは3年で替わっていく。特に、事業主体となる課長クラスは2年ぐらいで替わっていく。これで10年、20

年の長期的計画についての推進の意欲を抱き、またその成果についての責任が取れるのであろうかということです。せめて数年、その職務を責任を持って遂行し、その代わり十分な成果を上げた暁には給与面その他で優遇するといった業績評価も取り入れなければ、中途のままで事業はとん挫し、またその責任も不明確なまま無為に終

図2　「自立・参画・創造」による持続的地域つくりの概念（岩手県総合計画より）

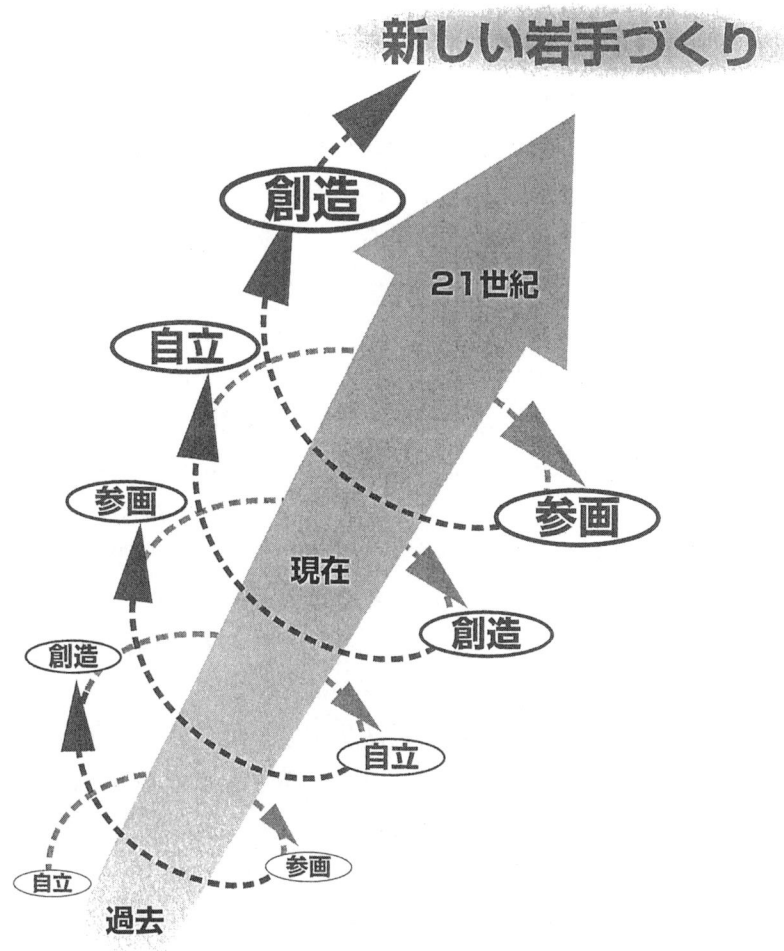

わってしまいます。わたしたちは、そのために、総合計画の策定後、計画の推進委員会、本当は監視委員会にしたかったのですけれども、それはあまりに名称がきつすぎるということで「総合計画推進委員会」を立ち上げていただき、起草に携わった十数名の委員と担当者が定期的に集まって実施にむけた体質変革の提言を試みました。

　しかし、担当者の交代と共に、推進委員会の主な任務は、例えばある農産物の生産量が幾らになったとか、子どもの50メートル走の時間が0.何秒縮まったなどという、数値目標の単なる評価・見直しに変貌し、行財政改革に取り組むところまでは到達しないまま、推進委員会は解散になりました。そのようないささか挫折感を抱かせられたほろ苦い経験から、後で述べる岩手山の火山防災対策については、いうなれば「行政をどなる」というようなきつい側面まで打ち出して、新たな防災体制の構築を図ったということがあります。岩手山の噴火危機においては、自治体内はもちろん他の機関との連携もはかられ、自然災害に対して自治体が十分にその役割りを担いうることが実証されました。しかし、制度そのものが変革されない限り、継続性・専門性という問題は先送りになってしまっていると考えています。

　筆者は、独断かもしれませんけれども、掲げた「ひもじくなく、安全で、心安らかな地域づくり」といった大きな流れの中で、地域の防災・安全について、きちんと位置づけをした地域づくりの施策を改めて立ち上げることが必要ではないかと考えています。

2章「自然災害は地球の息吹である」

1 「自然災害で国土ができた」

　阪神・淡路大震災によって、神戸の町は焼け野原になりました。新潟県中部地震によって、山古志村の緑あふれる山裾は荒涼と姿を変えてしまいました。また、たびたびの大洪水で堤防は決壊し、田畑は流されています。しかし、雲仙普賢岳の噴火の泥流で埋まった町も、現在は新たに導流堤を造り、砂防ダムを造り、かさ上げをした土地に新たな住宅が建ち並んでいます。わたしたちが災害によって受けた傷も、この技術力をもって、かなりの部分は復活しています。しかしそのような対応は、これからもすべての災害について可能なのでしょうか。

　わたしたちが住んでいる日本列島は地震の巣であり、また世界中の火山の１割以上がこの小さな島国に集まった火山国でもあります。多くの人間が住む都会は平野です。しかし、この平野は、ここ何万年あるいは何十万年という、地質学的に言えばごく最近の時代に、川が大洪水を起こし、氾濫したがために平野になったものです。また、わたしたちが活用している牧草地あるいは畑など、火山の噴火によって肥沃にもたらされた土地もたくさんあります。これらは、いわば「地球が生きている」活動の中で培われたもので、その中でわたしたちは住み、生活をしているわけです。

現在、地球上では、人類が様々な科学文明・技術を活用して、生命系の頂点にあります。しかし、この期間は、地球の歴史から言うと、非常に短い時間です。わたしたちが住む地球は、生誕以来46億年の年齢が過ぎているといわれています。しかし、この46億年の中で、生物が繁栄した時代は短く、わたしたち人間の祖先がこの地に誕生してまだ200万年といわれています。現在の形をした人類の姿は1万年の歴史もなく、わたしたちの文明の年輪とも言える暦をめくってみると、まだ2005年という歴史しかありません。

　その中で、ジェームス・ワットが蒸気機関を発明するまでは、わたしたちは機械による文明を享受していませんでした。風車・水車、あるいは人力といったエネルギー源から、初めて蒸気機関によって機械文明のエネルギー源を得たわけです。考えてみれば、日本に電灯がともったのは明治以降です。筆者が小学生のとき、初めてテレビが放送されました。カラーテレビは、1964年の東京オリンピックの時から普及が始まりました。パソコンはここ20年ぐらいの間の発展ですし、携帯電話はまだ数年の歴史しかありません。現在の文明は、46億年の歴史の中で言えば、いかに短い時間でしかないことが分かります。

　わたしたちが生きているのは、せいぜい100年です。しかし、地球の何十万年の流れの中で言えば、地震・津波・洪水といった壊滅的な出来事は確実に繰り返されて、それを無傷で人類が乗り越えてきた事例はありません。確かに今、河川の周りには、ダムが造られ、堤防が造られています。しかし、これは100年確率、すなわち100年にいっぺんの大雨に対しては対応できるという形で設計されたものであり、それ以上のものについては対

応できません。数千年、数万年の間に起きる、大きな風水害に見舞われた場合、あるいは巨大噴火とそれに続く土砂災害にこの日本列島が襲われた場合には、わたしたちの住む都市は跡形もなく壊滅する可能性があることを覚えておかなければならないと思います。

　わたしたちの地球は生きています。わたしたちが住んでいる大陸も、実は一つのものでした。これが移動して、現在の五つの大陸と多くの島国になりました。世界一高いエベレスト（チョマランマ）の頂上には、貝の化石が出ます。すなわち、この8,848メートルの高山は、実は深い海の底で形づくられた岩石でできているのです。地殻変動が今の最高の高地をつくっていることを示しているわけです。

　地球が生きている限り、地震・火山・風水害のような災害はなくなりません。自然はわれわれに被害を与えようとしているのではなく、この変化そのものは、いわば生きている地球の息吹と考えるべきだろうと思います。わたしたちは、一方で、この息吹による恵みをたくさん受けて生活しています。われわれがエネルギー源として得ている石炭・石油はすべて太古の生物が地殻変動によって変化したエネルギー源であり、また鉱物資源等も、火山の噴火、様々な地殻変動によって濃縮され、それをわれわれが取り出して有用資源として活用しているのです。これらはすべて自然の恵みであると思わなければなりません。たまたま、その恵みの一つが人間に害をなした場合に、「災害」と呼ばれるわけであって、決して自然は人間に害をなそうと思っているわけではなく、われわれは地球の大きな息吹の中で、その息吹に従って生きていくしかない存在であることも理解しなければいけません。いうなれば、わたしたちは、「これまでもこの自

●「自然災害で国土ができた」

然の中で生かされてきた」し、「現在も生かされている」。そして「これからの未来においても生かされていく」ものだという自然に対する畏敬の念を、改めて心深く抱かなければいけないのだと思います。

●地域防災・減災 自治体の役割―岩手山噴火危機を事例に―

「さまざまな自然災害の形」

　自然災害は、生きている地球の息吹であり、起きるのを防ぐことができないものだとしても、この地の上に生きる人類としては、なるべくその影響を受けないようにする、いわば防災対策を講ずることは必然的なことです。自然災害に対する防災を考える場合に、その予知が可能か、あるいは事前の対策がどの程度できるかといった点は、大きなポイントになります。

　風水害については、人工衛星あるいはレーダー等による観測体制の進化とともに、かなりの精度で予測が可能になりました。予測された風水害については警報が出され、またそれに対して事前の対策を取ることが可能で、その面で言えば、比較的防災体制が取りやすい災害に位置づけられます。しかし、局部的な降雨等の予測は困難な場合もあり、またそれに伴う土砂災害等の発生をすべて予測することは不可能であり、現実に多くの人的被害が生じています。先進国アメリカ合衆国でのハリケーン、カトリーナの被害は衝撃的でした。

　地震災害は、現在の科学技術のレベルでは、予測は困難といわれています。地球の表面を覆っている幾つかのプレートは熱対流によって移動します。このプレート同士がぶつかった部分で大きなひずみがたまり、その解消のために断層を生ずることで地震が発生するとされています。プレートの移動によるひずみが蓄積されると地震が起きるわけですので、一定時間がたてば、必ず地震は発生することになります。しかし、現在の技術で、いつ、どこで、どの程度の地震が発生するかといった正確な予

測は困難です。

　人間でも、例えば還暦をすぎた筆者を指さして、40年後には死んでいるという予測は100歳まで生きる人がごくわずかしかいない以上、この予測は、ほとんど100％正しいと思います。しかし、100歳の頃の予測は、筆者の人生にとってはあまり意味がありません。5年後にどうなっているのか、あるいは、この1年以内に一体どのようなことが起きるのか、起きないのか、この予測は、それなりに人生の設計なり、後始末について対応することができます。しかし、100年後は死ぬという予測は、ほとんど100％正しくても、予測の意味はないことになります。

　地震に関して言っても、せいぜい、この1年以内、できれば数日以内という限られた時間の幅で、どこで、どの程度の規模で起きるかといったことが分からなければ、予知を生かしての対応はできないことになります。ですので、地震の場合には、災害が発生した後に、その後の危機管理をどうするか、復旧をどうするかといった対策が主要な課題になります。防災対応にあたる人間の立場からすれば、起きた後に「さあ、どう動くか」と、ある面では腹をくくるしかないわけです。特定の区域に居住する人が壊滅的な地震災害に遭遇するのは一生のうち一度あるかないかの事ですから、いつ起きる、どこで起きるというようなことをいつも考えていては生活ができません。起きた時点で「よーいドン」と、早急に危機管理の対策を立ち上げる体制を作っておくことが重要であるわけです。もちろん平時から災害を受けにくい街つくりも重要であることはいうまでもありません。

　次に、津波ですが、これは通常の場合は比較的対応しやすい災害ということになります。海底で地震が起き、この海底の岩盤が動くことによって海水が上下動し、津波が

発生しますので、津波は地震が発生した後に起きることになります。現在、地震の観測網はかなり整備されておりますし、津波発生の予測もかなりの精度でできます。2004年のインドネシア沖の地震による死者・不明者20万人以上という大災害についても、もし津波に対する知識があり、津波注意に対する警報を伝達するシステムができていれば、大半の人は助かったのではないかと思われます。

　日本の場合は、地震発生後2、3分で、津波に関する注意報あるいは警報が発令されます。ですので、それに従って緊急避難をすることによって、命だけは守ることができるということになります。しかし、残念ながら、津波警報が出ても大半の人が避難しないというやっかいな現実があり、もし大きな津波が発生するとインドネシア沖の津波と同じような大災害に襲われる危ぐがあり、この点が非常に困った問題と考えています。

　もちろん、すべての場合で事前に避難が可能なわけではありません。例えば東海沖などの地震で想定されている津波では、場所によって地震発生後数分間で海岸を襲うケースがあります。このような場合では、警報を聞いてから逃げたのでは間に合いません。地震発生と同時に、近くの高台、あるいは新たに制定されている津波避難の高層ビル等に避難するといった臨機応変な措置が必要になってきます。それでも十分に防げないケースがありうると考えます。深い海を伝わる津波の速さはジェット機並み、陸地を遡上する早さも自動車並みで、人間の足では逃げ切れるものではないのです。

　火山の噴火災害の場合は、扱いが多岐にわたります。火山では噴火の前に、通常、火山性地震の発生などの不穏な兆候が表れてきます。しかし、いつ、どこで、どの程度、どのような形の噴火が起きるのかを正確に予測す

●「さまざまな自然災害の形」

ることは困難です。事前に兆候があるがゆえに、その予兆をどうつかんで避難対応に活用するかといった面で、かえって扱いにくい災害という側面もあります。

　有珠山のように、約30年間で繰り返し噴火する火山の場合には、何度かの観測経験もあり、住民も火山の噴火を体験しています。特に、有珠山の場合で言えば、火山性地震が発生し始め、ある回数になる、地震が数日間継続すると確実に噴火をするという規則正しい兆候を示し、その結果、2000年の噴火の際にも、事前避難によって1人も死傷者が出なかったという成果を得ています。

　しかし、一方では、短かい周期で噴火を繰り返す三宅島のような場合でも、2000年の噴火に際しては、予測できなかった山頂の陥没、火山性ガスの噴出といった事態に遭遇しました。ようやく4年ぶりに住民が帰島いたしましたが、なおかつ火山ガスとの共生を強いられているという現状もあります。多くの本州の火山は噴火周期が何百年と長く、観測データも火山の癖も十分に分かっていません。このような火山が噴火の兆候を示した場合には、その後の予測が難しいことから防災対応が非常に困難になるといった事態も起こり得ます。

　このように、自然災害の種類によって、事前予測が可能なもの、あるいはできないものがあり、対応の仕方は異なってきますが、いずれにしても災害の発生を止めることはできませんし、われわれにできるのは、少しでも被害を少なくしようとする減災への取組みです。そのため、災害が発生した直後における危機管理体制の構築、それから一方で言えば、長期的な視点で災害に強い町をつくっておくという、そのような施策の二つをどこまで体制作りが行えるかということで、被害の程度が決まってくるということになります。

 「地震の予測は困難」

　日本列島をのせたユーラシアプレート、北米プレートの下に、太平洋プレート、フィリピン海プレートが潜り込んでひずみがたまる以上、地震は必ず起きます。後述する内陸での地下浅部の地震と併せて考えると、日本で地震が発生しない、安全だと保障できる地域はありません。プレートの潜り込みによる地震は、一定期間がたてば発生することが確実です。しかし、この周期は必ずしも一定していませんので、近い将来に、いつ、どこで発生するかということを予測することは非常に困難です。

　現在、予知が試みられているのは、近い将来に発生するとされている東海沖地震に対するものです。東海地域は日本の経済的な中枢でもあり、この地域が壊滅的な被害を被った場合には、日本自体が大きな影響を受けます。

図3　地震発生のメカニズム（東北地方を例に）

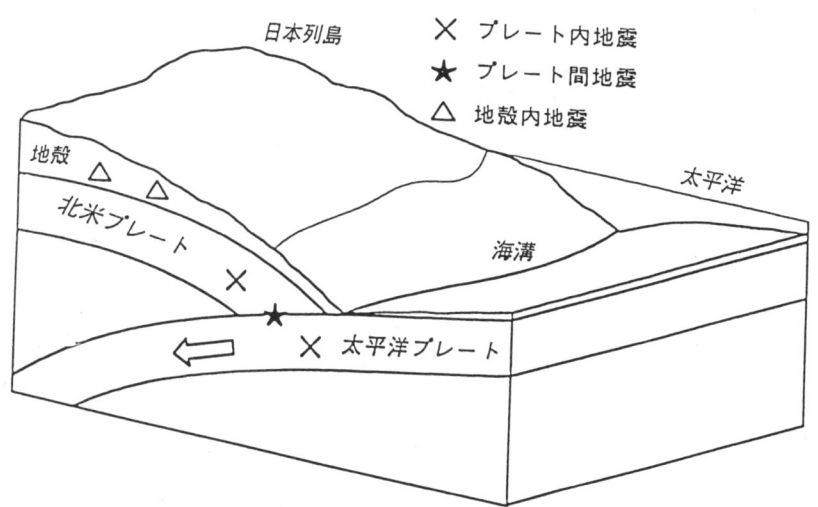

そこで、東海沖地震の予測のために、地下に幾つもの井戸を掘り、小さな地震も観測するように地震計を設置し、また地盤の傾斜やひずみ、あるいは地下水の変動といった現象を観測するシステムを整えています。これらのデータに異常が起きた場合には、地震学の専門家が招集され、その検討の結果、地震発生の可能性があると判断された場合には、内閣総理大臣が警戒宣言を発するという手順がきめられています。

　しかし、どの段階で確実に地震が発生するとの予測ができるかどうかは非常に難しく、万が一、警戒宣言が発せられ、例えば新幹線が止まり、工場が止まり、学校が閉校になって子どもたちが家に帰る、経済的・社会的活動が一切停止した状態で３日４日と経過した場合には、その影響は計り知れない状態になると考えられます。警戒宣言を発することが現実的に可能かどうかという問題も残されています。

　阪神・淡路大震災のような、いわば内陸の浅いところで発生する地殻内地震に対しては、予測はほとんど無理だろうといわれています。日本列島そのものがプレートの動きによってひずみがかかっていますので、内陸のごく浅いところでも小規模な地震が発生します。しかし、小規模な地震とはいえ、都市直下で発生した場合には、揺れが大きく、大きな被害をもたらすことになります。

　繰り返し地震を発生している断層を活断層と称しており、この活断層は日本じゅう各地に存在します。活断層は、地震が起きる周期が分かれば、どの程度危険であるかの予測がつきます。例えば4,000年にいっぺん活動している活断層で、前回の地震から4,000年以上たっていれば、いわば貯金が満期に達した、そろそろ活動するかもしれないという形での危険度の予測はできます。現在、

そのような観点の確率的な手法によって、地震の発生確率、例えば今後10年間のうちに発生する可能性は何％といったような予測もなされていますが、多くの活断層では周期を正確に知ることは困難です。周期は数千年と長いのが一般的ですので、前回活動した正確な記録などはほとんど残されていません。トレンチ（溝）を掘って過去の動き方を調べたりして、周期および活動度の予測を行うような調査が行われていますが、たとえ周期がかわって、そろそろ満期になるとしても、その周期にはある幅がありますから、わたしたちが生きている数十年あるいは100年の単位の中で、どの程度正確に起こりうるかという判断は難しいものと考えられます。

　また、わたしたちが地形の変化や直接的な地層のズレから活断層と判断しているもの以外にも活断層は存在すると考えられますので、そのような日本国内のすべての活断層の位置やいつ動くかというところまで正確に掌握するのは非常に難しいと思っております。ですので、活断層の真上にはせめて公共施設を造らないといった形での防御体制を講ずる手はありますけれども、事前に発生を予測をして対策を打つことはほとんど困難だろうと考えられます。

　地震が発生すると、よく地震雲が事前に出たとか、あるいは動物が異常な行動をしたなどの情報が寄せられます。多くは、地震が発生した後に、これが兆候ではなかったかというようなもの（いわゆる事後予知）が多いのですが、これらの地震との関係については、明確なことは分かりません。動物が、地震などの天変地異の兆候を感知して、異常な行動を取る可能性はあります。しかし、現在、それらの行動と地震との間の明確な一対一の対応がなされておらず、「よし」と言うにはなかなか言い難

い現状にあります。

　一方で、現実的な対応をするために、地震が起きた後、地震波が到達する以前に発生したことを検知して対応を図ろうとする「リアルタイム地震防災」という考え方も提示され、実際には幾つかの対応がなされています。地震の波は、最初に振動の小さい縦波が到着し、その後に遅れて大きな揺れをもたらす横波が到着します。縦波の検知で地震の規模を予測し、例えば大きな地震であれば、その検知とともに新幹線の非常ブレーキをかけて減速をする形で、万が一被害を受けた場合の災害の大きさを減少しようといった試みは実用化につながっています。大きな地震の発生しやすい海溝付近に地震計を多く設置し、地震の発生と同時に警報を発するという形での対応も、今後可能になるのではないかと期待されます。

　いずれにしても、予知が困難な現状で言えば、地震における防災対策の基本は、長期的に見て災害に強い町をつくること、それから発生した後の危機管理体制を迅速に、しかもきめ細かに実施することによって被害を少なくするということに尽きることになります。

　なお、しばしば誤解されますが、震度はその場所での揺れの大きさで０、１、２、３、４、５弱、５強、６弱、６強、７に区分されます。一方、マグニチュード（M）は地震の規模をあらわしMが１ちがうと規模は約30倍異なります。マグニチュードが大きくとも震源まで遠ければ揺れは小さく、逆にマグニチュードが小さくとも近くで発生した地震は大きく揺れることになります。

表1　日本における明治以降の主な地震・津波被害

年	地震名称	気象庁マグニチュード	死者・不明者数
1872年	浜田地震	7.1	552名
1891年	濃尾地震	8.0	7,273名
1894年	東京湾北部の地震	7.0	24名
1894年	庄内地震	7.0	726名
1896年	三陸地震津波	8 1/2	21,959名（津波）
1896年	陸羽地震	7.2	209名
1905年	芸予地震	7 1/4	11名
1909年	姉川地震	6.8	41名
1914年	秋田県仙北地震	7.1	94名
1922年	千々石湾の地震	6.9	26名
1923年	関東大地震	7.9	142,807名
1925年	北但馬地震	6.8	428名
1927年	北丹後地震	7.3	2,925名
1930年	北伊豆地震	7.3	272名
1931年	西埼玉地震	6.9	16名
1933年	三陸地震津波	8.1	3,064名（津波）
1935年	静岡地震	6.4	9名
1936年	河内大和地震	6.4	9名
1939年	男鹿地震	6.8	27名
1943年	鳥取地震	7.2	1,083名
1944年	東南海地震	7.9	1,223名（津波含む）
1945年	三河地震	6.8	2,306名
1946年	南海地震	8.0	1,330名
1948年	福井地震	7.1	3,769名
1949年	今市地震	6.4	10名
1952年	十勝沖地震	8.2	33名
1952年	大聖寺沖地震	6.5	7名
1952年	吉野地震	6.8	9名
1960年	チリ地震津波	9.5＊	142名（津波）
1961年	北美濃地震	7.0	8名
1964年	新潟地震	7.5	26名
1968年	十勝沖地震	7.9	52名
1974年	伊豆半島沖地震	6.9	30名
1978年	伊豆大島近海地震	7.0	25名
1978年	宮城県沖地震	7.4	28名
1983年	日本海中部地震	7.7	104名（津波含む）
1984年	長野県西部地震	6.8	29名
1993年	釧路沖地震	7.8	2名
1993年	北海道南西沖地震	7.8	230名（津波含む）
1994年	北海道東方沖地震	8.1	1名
1994年	三陸はるか沖地震	7.5	3名
1995年	兵庫県南部地震	7.2	6,433名
2000年	鳥取県西部地震	7.3	
2001年	芸予地震	6.4	2名
2003年	宮城県沖の地震	7.0	
2003年	宮城県北部の地震	6.2	
2003年	十勝沖地震	8.0	2名
2004年	新潟県中越地震	6.8	39名

理科年表による、＊モーメントマグニチュード

図4 明治以降の主な地震の震源域

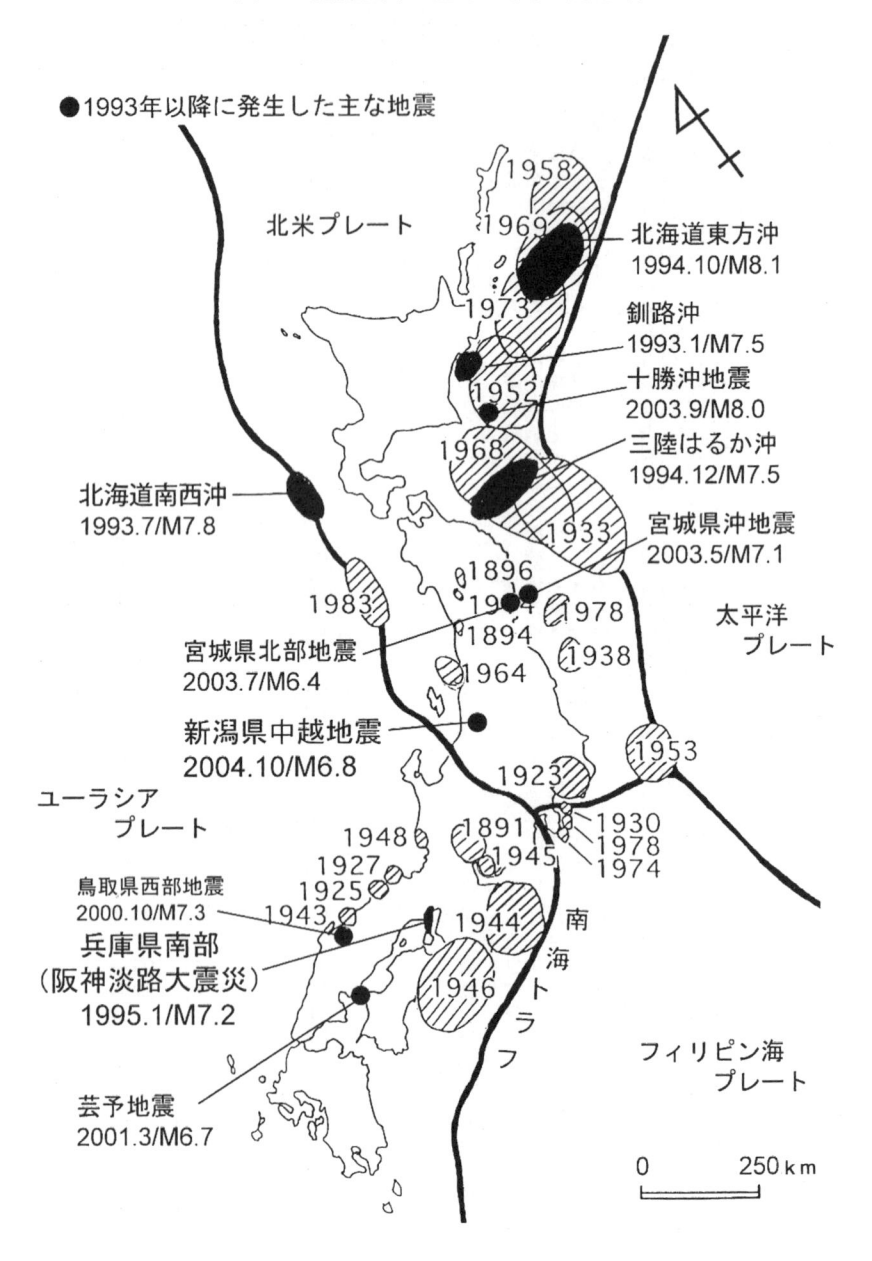

3章「自治体は何をなすべきか」

1 「地震災害の形態はさまざま」

　阪神・淡路大震災の事例から、地震によってどのような災害が起きるのかを考えてみましょう。
　まず、地震によって発生する地盤災害です。いかに強固な建物を造ったとしても、足元の地盤が崩壊したり、あるいは液状化といった現象を起こした場合には、構造物は大きな被害を受けることになります。
　次に、建物の被害です。建物の倒壊は、通常、建築基準が耐震に対応していない古い時代の家屋、特に木造の家屋などで起きることが多いですけれども、阪神・淡路大震災では、鉄筋のビルが足元から折れてビルが倒壊する、あるいは鉄筋が破壊されてビル自体が傾くといった大きな被害が見られました。
　それから、高速道路、新幹線等の鉄道、上下水道、電力、ガスなどライフラインの被害です。日本の公共施設では耐震設計が十分になされていて、例えばアメリカのような高速道路の被害といったものは生じないという、いわば安全神話が信じられていました。しかし、阪神・淡路大震災では、高速道路の橋脚が折れて、長い区間にわたって高速道路が横倒しになる、また新幹線の橋げたが落下して線路がズタズタになるというような、多くの被害を目の当たりにすることになりました。

新幹線の地震による被害と言えば、2004年の新潟県中越地震における上越新幹線の脱線を思い出しますけれども、阪神・淡路大震災のように橋脚が落下した場合には、飛行機の墜落事故に匹敵するぐらいの大惨事になる可能性があります。阪神淡路大震災では地震が起きたのが5時46分という、新幹線の始発の直前でした。当該の区間では、数分おきに乗客が1,000名を超える編成の列車が走っているわけであり、もしこれが運行時だったならば、新幹線に関してだけでも数千人の被害が出たのではないかと予測されます。

　地震によって倒壊した建物からの火災も大きな被害を生じます。阪神・淡路大震災でも多くの家屋から出火があり、ほとんど消火活動が行えませんでした。家屋の倒壊で消防車は現場に急行できず、又、水道もストップしたのです。かつて日本で最大の死傷者を出した関東大震災の時には10万人余が犠牲になっていますが、大多数は火災による焼死者です。阪神・淡路大震災のテレビ映像を見た時、市街地のあちこちから黒煙が上がるのを見て、この関東大震災の悪夢を想像した方はたくさんいたと思います。実際に、燃え盛る火の手に迫られて、倒壊した家屋の中に閉じ込められた母親が助けようにも助け出せずに、うろたえる子どもに「早く逃げろ」と絶叫する、そんな悲惨な状況が幾つもあったと聞いています。

　被害が大きかった場合には、直接地震によるものばかりではなく、長期的な避難などによって影響を受ける場合もあります。病院その他が倒壊し、治療を受けられずに亡くなった方、長期の避難生活において病気が悪化した人、あるいは被災することによって精神的なダメージを受けた人など、いわゆる2次的な災害も、このような大きな災害のときには顕著に見られました。

阪神・淡路大震災で抱いたのは、犠牲者の多さへの無念の思いの一方で、もしかしたら世の中に神様がいたかもしれないという、大変研究者らしくない想いです。この地震の発生時刻がもし日中であったならば、多くの人たちが都市の中におり、ビルの倒壊などによって、もっと大きな被害を受けることになりました。また朝の通勤時間帯で交通機関がフルに動いていた場合には、列車の転覆などによる被害も大きかったと思います。深い眠りの中にいる深夜でもなく、この５時46分という時刻に起きたことは、より被害を少なく抑えるタイミングであったともいえます。もう一つ注目すべき点は、当時非常に風が弱かったことです。神戸の町は六甲山地から吹き下ろす「六甲おろし」といわれる風が吹いており、このような風の強い状態であれば、各地から発生した火災は延焼し、もしかしたら神戸の町を全部焼き尽くしたかもしれません。

　神が人間にこのような悲惨な試練を与えるはずがないと思いつつ、地震発生の時刻と気象条件には何か超自然的な力の存在を感じさせられました。

② 「阪神・淡路大震災に学ぶ危機管理」

　阪神・淡路大震災が発生した年代には、地震計や情報伝達システムの整備が十分ではなかったために、当初、気象庁には「岐阜で震度4」という情報しか入らず、神戸におけるこのような大被害を掌握することに時間がかかりました。当時の村山内閣の危機管理体制が不備だという指摘がなされたのも記憶にあるところです。

　危機管理のシステムの改良ということで、自治体は様々な対応を図りました。筆者もかかわった岩手県の事例で言いますと、例えば今、携帯電話が普及していますが、災害時にはなかなか通じません。そこで、緊急時に人工衛星を使って、情報を送受信する衛星パラボラアンテナを搭載した通信車が導入されています。これは、移動すれば山間部でもどこでも通信ができるという機能を持ったすぐれものですけれども、格納する車庫が大丈夫かどうかというような落とし穴もあるとの指摘もありました。実際、阪神・淡路大震災の際には、気象台の地震記録の送信装置に非常電源がついていたのですけれども、その電源装置が水冷式で、水道が止まったために動かない、震度データが送れないといった事態もあったという盲点も指摘されています。

　各県には防災ヘリが導入されています。特に面積が広い県においては、車で移動するには時間がかかる、また地震等で被害を生じた場合には車がほとんど動けないこともあり、情報の収集、避難民の救援、あるいは非常用品の運搬などに、ヘリコプターの果たす役割が非常に大きくなっています。岩手県でも防災ヘリコプター「ひめ

かみ」が導入されており、岩手山の噴火危機対応においても様々な支援を行い、大変有効でした。

　ほとんどの自治体に地震計が設置され、精度よく各地域の震度が掌握できるようになりました。新潟県中越地震でも、従来の地震計配置であれば、現地では最大で震度7の大きな揺れがあったにもかかわらず、新潟市で震度4といった情報しか得られず、緊急の救援体制ができなかったということが考えられます。地震計の密な配置は、特に局部的な地震における被害地域の推定、緊急対策に非常に役立っています。

　職員の非常招集体制の整備、被害を受けた場合の近隣の市町村との相互協定に基づく救援活動、また各都道府県単位でも救援の協定が結ばれるなど、緊急時における対応には一定の前進があったと考えられています。

　地震の際には、水道・電気・ガス・電話といった、ライフラインに対する復旧が急務になります。阪神・淡路大震災の教訓によって、各ライフライン関係の組織は、被害を受けた地域に緊急に応援部隊を送り、短時間で復旧するような体制も整備いたしました。

　災害時に最も頼りになる自衛隊等の派遣についても、従来は知事からの要請などの公式なルートがなければ動けませんでしたけれども、災害派遣ということで、独自に準備をし、救援に駆けつける体制も取れるようになっています。

3 災害に強いまちづくり

　地震が起きても倒壊しにくい強い建物を建てるなど、長期的視点で災害に強い町つくりを進めたり、あるいは災害が起きたとしても、きちんと危機管理ができるよう緊急危機対策の立案と試行を行っておけば、災害時に慌てふためくことはありません。災害に強い町つくりは危機管理体制そのものが必要なくなるということにもつながっていきます。
　これまでも大地震を契機に耐震基準が見直されて、そのたびに強い構造物が造られるようになりました。新しい構造物の多い地域では、地震災害が少ないという現実があります。
　建物を造るときにはどういう点に注意をしたらよいのでしょうか。まず足元の地盤構造をきちんと調査して、軟弱な場合には補強するとか、様々な対応をいたします。設計に当たっては、見た目のデザインの美しさも重要ですが、できるだけ耐震性を考えて、梁を入れる、あるいは金具を使う、土台もきちんとするなどの対策を講ずることが必要です。そして、住宅の施工業者もきちんと良心的な施工をして、安全な建物を造るといったことが行われれば、30年、40年後にはほとんどが新しい住宅に建て替わるのですから、結果として災害に強い町がつくられることになります。
　行政としては、建築許可を出す場合には、これは規制ではなく適切な指導という意味で、「おたくの地盤条件のところでは、こういう対応が必要ですよ。設計はこういうところを留意しましょう」といったような適切な助

言を行うことによって、強い町づくりが進むことになります。当然、ライフライン、上下水道も、従来のように損傷を受けやすい配管ではなく、耐震性のものに替えるというようなことが順次行われていけば、ライフラインの被害も少なくなってきます。公共施設について言えば、学校などは万が一の避難場所として機能するように、例えば体育館に暖房施設を入れる、自炊ができるような施設を入れる、あるいは地下に飲料水を貯蔵できるような機能を付加する。そうすることによって、災害時の避難所として、より有効な役割を果たすことができるようになります。

　このように災害に強い町をつくるためには、長期的な戦略が必要です。これまでも学校の耐震性ということがかなり取り上げられてきましたが、全国でも耐震性のチェックをした学校はまだまだ数が少なく、まして耐震のための補強をした建物も多くはありません。学校を新築するにはより多くのお金がかかりますし、現在の厳しい経済状態のもとではすべての学校に対応するのは困難です。そのため、まず被害を受けやすいようなところを優先的に建て替えるといった序列をつけて、順次耐震化を図っていくという長期的な計画をたてなければいけません。

　これまでも、行政に対しては長期的な町づくりといった提言が行われてきましたけれども、例えば教育委員会の担当が理解を示し、その重要性を認識したとしても、1年たって担当が替わると、また元のもくあみに戻ってしまうというような、行政の継続性・専門性の欠如といった問題が絡んで、ほとんど進展していないのが現状です。

　きちんとした計画を立案し、それにしたがって耐震化

を図っていけば、遅くとも50年後には、すべての地域が災害に強い町に生まれ変わることになります。しかし、現在のペースでは、地震災害のたびに耐震構造の強化や、長期的視点での街つくりの重要さが訴えられるものの、2〜3年たつとその意識はどんどん希薄になり、忘れられて、また元のもくあみになるといったことの繰り返しで、将来を見据えた戦略が進められているとは言い難い状況にあると思います。

●地域防災・減災　自治体の役割―岩手山噴火危機を事例に―

❹ 「最大の欠点　専門性と継続性の欠如」

　前節の「災害に強い町づくり」においても指摘したように、行政には危機管理対策の実務的な役割を担うとともに、長期的に見た災害に強い町づくりを計画的に進める責務もあります。しかし、一般の行政では、担当係は２年あるいは３年で交替します。また、実務の担当室長・課長クラスも２年３年で交替し、せっかく地震災害、噴火災害、あるいは風水害等の防災対策に直面し、実務的な訓練を経た人のノウハウといったものは引き継がれません。

　管理職になるためには、すべてもの部門について経験を経て熟知することが必要ですけれども、実際に部長・局長の任になる者は１％もいません。国の機関であっても、建設省から、極端に言えば経産省へといった形の異動は、関連した専門部局以外はありませんが、特に県の場合で言えば、教育委員会から土木部へ、あるいは医療局へといったようなたぐいの異動が行われ、特に専門的な経験・ノウハウの必要な防災に関しては、ほとんど人が育っていないのが現状だと言えます。

　それ故、今後、危機管理体制の強化および長期的な町づくりのためには、少なくとも課長あるいは部長クラスの人間が長期的な戦略を立てて事を進めていくような体制作りが必要で、それがなければ、せっかく培われた経験と知恵がすべてゼロクリアされて引き継がれない状態のままで、忘れたころの災害にまた遭遇するということの繰り返しになる危ぐの念が強いのが現状です。

5 「地域連携の必要性」

　防災においては、関連機関がそれぞれの役割を認識し、お互いに連携することが大切です。研究者はその専門的な見地から、地震に弱い場所、強い場所に関する調査とか、耐震性の高い構造物の設計・施工など様々な研究を進めると共に、地域防災のあり方への助言をする立場にあります。これらの研究は、論文にして発表するだけでは学会での業績になったとしても、地域の住民の命を守るためにはあまり役に立ちません。「必要なのは、人の命を救える科学だ」という言葉がありますが、研究者は、何のための研究かをもっと自覚すべきです。もちろん地震工学そのものの学問的な発展が結果として防災につながるといった側面があるのは当然ですが、地域の大学においては、地域防災の実務に研究成果をもっと活用する努力が必要です。

　一方、行政、例えば消防や警察などでは、危機管理体制の構築、防災計画の見直し等、様々な危機管理体制を整備することが必要ですし、例えば土木部等で言えば、災害に強い構造物を造る、防災に必要な施設を構築する、教育委員会では、学校の耐震性を考える、子どもたちの安全を考える等、様々な分野で行政の役割があります。

　一方、公共のライフラインを担う、電力・ガス・電話などの機関については、日ごろから耐震化を図る、研究者のデータを基にライフラインの補強を行う、あるいは万が一の場合の連携体制を作るということが必要です。一方、企業として、土木技術あるいは住宅建設などのメーカーでは、研究者の研究成果を基に、行政の指導も得

て、強固な構造物を造るための技術を発展させ、施工する役割を担います。

　もちろん、住民の方々は、最終的に自分の命は自分で守るとの自主防衛的な認識を持たなければなりません。そのためには、研究者の研究成果や行政の実務、あるいは企業の専門的な技術力等についても、普段から関心を持ち接することによって、防災への賢さ、知恵も身につけておかなければなりません。

　これらの連携をきちんと図ることによって、総合的な地域の防災力の向上が図られることになりますが、産官学、および民の連携を図るのは容易なことではありません。

　筆者の住む岩手では、岩手ネットワークシステムを中心に「地盤と防災研究会」が、数十機関の集まりとして、定期的に勉強会あるいは意見交換会を開催してきましたが、特に行政関係者では職員の異動、それから土木・建設・環境等の企業においても、地方の出先機関では技術者が常に交替し、地域に対する認識がなかなか定着しないといったようなことから、組織的に大きな力を発揮する状況にはなっていないのが現状です。

⑥ 「安全から見た中山間地域の課題」

　2004年の新潟県中部地震においては、中山間地域の集落が孤立し、ヘリが救援物資を運搬する、避難場所まで住民を搬送するといった事態が多発しました。また、電話等の不通により、孤立した地域との連絡が取れなくなり、道路上に大きく絵文字で書かれた「SOS」が唯一の情報伝達、地元の窮状を訴える手段になったりして、今の日本の中でも集落の孤立といったことが起きうることの現実を目の当たりに示した結果となりました。

　このようなことを防ぐためには、各集落ごとに、自家発電装置や無線装置を入れるなどの防災対策が必要になってきます。また、道路等の決壊で交通ができなくなった場合に備えて、食糧を備蓄する、あるいは公共的な避難場所を設置するといった対策も必要になってきます。しかし、これらには限度があると思われます。行政のほうからはなかなか言いがたいことだという気がいたしますが、残念ながら、少子化による人口の減少は低下傾向に歯止めがかからず、人口が右肩上がりで増加し、経済的にも発展を続けるバラ色の将来社会を見込むことができなくなりました。

　これまで公共投資によって造られた、膨大なトンネル、ダム、あるいは道路、様々なライフライン等は、今後その維持を行うためにそれ相当の資金を必要とします。今後の若者世代が経済的な面でフォローする必要があるのです。しかし、今の日本を鑑みれば、右肩上がりの経済の発展ではなく、安定した持続的な社会をいかに構築するかが最大の課題であるのが明らかです。これまで分散

●地域防災・減災　自治体の役割―岩手山噴火危機を事例に―

した地域の集落などについても、公共施設の整備など、国の補助金に基づいて多くの事業が行われてきましたが、新たな施設の建設はもちろん、これを維持することも困難になってくるかもしれないと考えられます。

　防災との観点から言えば、集落の再編を行う、集中的に安全施設を造るといった政策的な転換も、いずれは考えなければならない時期が来ます。それが、先に述べた、新しい地域づくりの理念ともかかわってくるのですが、発想の転換を行い、わしたちがきちんと、安全で、ひもじくなく、心豊かに暮らせる地域づくりをいかに進めるかとの視点で、防災対策についても、もう一度考えてみる必要があるのではないでしょうか。

第4章「1998年岩手山噴火危機での災害対応の実際と教訓」

1 「火山災害の特徴」

　この章では、わたしたちが経験した岩手山の噴火危機対応における、自治体も含めた各機関の防災の役割について述べます。

　まず、火山災害の特徴を振り返ります。自然災害のうちで火山の噴火は、事前に予測が可能な場合もあるのが一つの特徴です。ただし、繰り返し噴火をしている一部の火山を除く、本州の多くの火山は噴火周期が何百年にいっぺんですので、火山に対する観測データの蓄積や、防災対策の実践などがほとんどありません。そのため、火山の状態に異常な兆候が表れ始めたとしても、一体いつ噴火するのか、あるいは火口がどこになるのか、どのような噴火が発生するのかなど多くの要件を予測するのは容易ではありません。噴火災害の種類は多様です。噴石が飛ぶ、火山灰が降る、溶岩流が流れる、火砕流・火砕サージの発生、降雨による土石流、冬場の場合に特有なの融雪型火山泥流、さらに火山の一部が崩れる山体崩壊などの災害が考えられます。さらに、その規模はどの程度なのか、噴火が始まってからいつまで活動が継続するのかなど火山災害を特徴付ける要件はまさに多様です。

　例えば、噴石に関しては、5センチ以上の高温の岩片が火口から噴き出るものですが、飛散は火口から数キロメ

ートルといったある範囲に限定します。火山灰は、噴火の規模が小さければ風下の方向に流れる、噴火の規模が大きい場合には、上空まで上昇して偏西風に乗って、主に東側のかなりの広い範囲まで到達します。交通あるいは健康、動植物への影響などは広範囲に及びます。

　一方、溶岩流は高温の溶岩が山体を流れ下るものですが、速さは時速数キロ程度と遅く、場合によっては人間が走って逃げて免れることも可能です。もちろん、この流路に存在する、建物や道路、様々な構造物はすべて覆い尽くされますけれども、人間の命にかかわるという点からすると、比較的対応しやすい災害になります。

　これに対して、火砕流は高温の火山噴出物の砕けたものがガスとともに山腹を流れ下ります。時速100キロ以上になることもしばしばで、発生してから逃げることはほとんど不可能です。雲仙普賢岳の火砕流で多くの方々が焼死したという記憶も残っていることと思います。また、火砕サージは噴火に伴う爆風で、火砕流ほど高温でないことが多いのですが、緊急性は同様です。

　火山灰が降り積もった後に大雨が降った場合は、土石流が山腹を流れ下ります。水だけの流れに比べると、火山灰を含んだ流れは周辺の土砂や大きな石を巻き込んで、すさまじい力となって下流を襲います。川は埋まり、住家が押し流され、大きな被害を生じます。

　北国の火山の場合には、特有の融雪型火山泥流が発生します。融雪型火山泥流は、積雪の多い火山で冬季に噴火が起きた場合に、火砕流などによって雪が融け、大量の水が山腹を流れ下るもので、河川の流域を通じて広範囲に影響を及ぼします。岩手山の場合でも、約20キロ離れた盛岡市街にまで、この泥流による氾濫が及ぶと予測されています。

山体崩壊は、火山の一部が崩壊する非常に危険な現象です。火山の山体は、噴火による溶岩や火山灰などのたい積によって形づくられ、稜線はギリギリのバランスで現状の山の形を保っています。もし、地震などによって、山体に何らかの力が加わってバランスが崩れると、山体を構成する土砂が一気に崩れ落ち、ふもとの集落を襲うということが起きます。岩手山は過去に7回ほど山体崩壊を起こしている危険な山で、約6,000年前の山体崩壊では、北東側の西根町のほとんどが埋まり、その一部は北上川を流下して盛岡市内で氾濫しました。盛岡市の広範囲な地域にこの岩石なだれのたい積物を見ることができます。

　このように、噴火による災害は多岐にわたり、また事前における予測がある程度は可能な場合もあるということで、防災への体制作りは他の自然災害とは様相が異なることになるのです。

図5　噴火災害の特徴、その多様性

噴火災害の特徴、その多様性

★火口はどこになるのか

★いつ噴火するか

★噴火災害の種類の多様性

　噴石・火山灰・溶岩流・火砕流・火砕サージ
　土石流・融雪型火山泥流・山体崩壊

★規模はどの程度か

★いつまで継続するのか

② 「岩手山　ことの始まりと経緯」

　岩手山は、1732年の焼走り溶岩流の噴火以来260年余り、大きな噴火がありませんでした。そのために、岩手山を生きた火山として認識している人は少なく、また当然ながら岩手山の火山活動に関する観測結果もなければ、噴火の様子を見た人もいません。

　だれしもが落ち着いた火山と見ていた岩手山ですが、1995年10月にマグマの動きを示すと考えられる火山性微動─これは地震のようにドーンと破壊によって震動が発生するのではなく、長期にわたってある振幅の震動が継続するものですけれども─が長時間にわたって観測され、「岩手山が目覚めた」というニュースが流れました。この時は一部の研究者以外に注目する者はなく経過したのですが、1998年2月ごろから岩手山の山体直下で火山性の地震が頻発するようになりました。

　3月17日に、山体の周辺に設置した東北大学の傾斜計・ひずみ計に異常が観測されたということで「火山観測情報第1号」が発表され、岩手山の火山活動に関する観測データが地域に向けて初めて発信されたことになります。4月29日には、1日に火山性地震が285回と多数発生し、気象庁は「臨時火山情報第1号」─これは火山活動に大きな異常があった場合に発表する情報ですけれども─を発表し、これによって岩手山周辺では岩手山が異常な状態になりつつあるという緊張感が高まりました。

　そして6月24日、火山性地震と火山性微動の多発により「噴火の可能性も」という文字の入った「臨時火山情

報第 2 号」が出され、地元では火山防災に対して慌てふためくといった事態になったわけです。7 月 1 日からは全山での入山が禁止となりました。

　地元では、火山防災に対する認識も対策もない状況の中で、その後、岩手山火山防災マップ、岩手山火山防災ガイドラインの作成、緊急避難訓練など、様々な対応が取られました。1999 年以降には西側の姥倉山から大地獄谷、黒倉山一帯で噴気活動が活発化するといった表面現象も現れました。その後、火山性地震や地殻変動は減少し、2001 年からは東側 4 ルートの入山規制が緩和され、2004 年 7 月には全コースでの入山規制が緩和され、1998 年に始まる岩手山の噴火危機対応に対する対策は一応の区切りを迎えるという推移を経ました。

写真 1　岩手山　1998 年 6 月 30 日　国土交通省岩手河川国道事務所提供

3 「だれも岩手山の噴火の経験がない」

　1998年6月24日、「火山活動が活発化すれば噴火の可能性」という文言を含んだ「臨時火山情報第2号」の発表によって、地元では、岩手山に対してどのような対応をしたらいいか、困惑の中で模索を始めることとなりました。岩手山は、最近の最も新しい噴火が1932年の焼走り溶岩流で、それから260年余り噴火が起きていないため、住民にも行政にも岩手山が「生きている火山である」との認識はなく、また防災対応として何をなすべきかについても考えたことすらない状況でした。
　岩手山の噴火史を25年余にわたって研究し続けてきた土井宣夫博士（第13節に岩手山防災のキーパーソンとして述べる）ですら、「私が死んでいなくなってから、いつか後世に岩手山は噴火するかもしれない。そのときに役立てばと考えて研究してきたが、私が生きているときに動いてしまった…。」と述懐しています。岩手山の噴火を見た人は誰もいないのであり、岩手山火山防災への取組みはまさにゼロからのスタートでありました。
　なお、岩手山においては、今回の活動が始まる以前から、当時の建設省岩手工事事務所を中心に、火山防災マップの作成の検討が行われていました。しかし、このマップは、いわば建設省の砂防計画を推進するためのもので、住民の避難等を含めた緊急対策は考慮に入れず、また公表する予定のものでもありませんでした。そのため、これらのマップを岩手山の防災に直接に役立てるという状況にはありませんでしたが、このような委員会があったということは、今後の防災のためには一つの大きなス

テップであったと思われます。

写真2　岩手大学工学部から眺む岩手山　2004年12月3日

4 「地元は蚊帳の外」

　岩手山は気象庁の常時観測火山にはなっていないために、連続的な火山の監視は行われていませんでした。また、地元の岩手大学には火山学を専門とする研究室がなく、また教員もいないために、地元で平時からの火山の観測を行う体制ができていませんでした。
　岩手山の周辺の火山観測においては、東北大学の地震・噴火予知研究観測センターが、山体の周辺4箇所の井戸の中に地震計・傾斜計・ひずみ計などを約20年前から設置して、観測の体制を整備していました。岩手山の異常を最初につかまえたのも、この東北大学の観測点です。また、火山性地震の頻発以降、気象庁のほか、国土地理院、防災科学研究所、産業総合研究所などの国の研究機関が岩手山の周りに観測機器等を設置することになりましたが、中央の機関の観測情報は主に筑波の研究所に直接送信されるため、地元で岩手山の変動に関するデータを取得し検討するルートはありませんでした。岩手山に関するニュースの多くは新聞等を通じて入ってくるのであり、地元の大学あるいは岩手県消防防災課などの防災機関が直接に火山観測の情報を知るルートはできていませんでした。
　5月に岩手大学で岩手山の火山活動に関するシンポジウムを開催した際、その後懇意になった中央紙の記者から「なんで地元が蚊帳の外なんだよ」と文句を言われ、普段からフラストレーションの溜まっていた筆者もついこれに対して「こっちもそう思ってんだ」とどなり返した記憶があります。当時、どのようにして地元が火山観

測情報を入手し、それをどのように防災に役立てるかという体制をいかに作るかということが、大きな現実の課題であったと記憶しております。

　その後、関係機関とのネットワークも構築され、地元の防災対応を踏まえて、観測データも共有することができるようになりました。又、報道機関などが周辺に監視カメラを設置したり、防災ヘリコプターによる機上観測が要請に応じて、随時行われるようになったのですが、それまでは数時間をかけて登山して、現地を目視する以外に術はなく、地元はまさに蚊帳の外の状況にあったのです。

写真3　岩手県防災ヘリコプター「ひめかみ」の支援による現地観測　2002年10月3日

5 「火山災害の軽減」

　手探りの状態で火山防災を考えたときに、偶然にも参考になすべき指針が提示されました。それは、当時、火山学会が啓発用のビデオとして日本語版の作成をしていた「火山災害を知る」および「火山災害の軽減」というビデオです。火山災害の軽減を目指すために、三つの要件が提示されています。

　一つは、火山活動の監視です。まず、われわれは、火山が今どのような活動をしつつあるのか、その活動のレベルはどのような状態にあるのか、火山の動きを監視し、そのデータが意味するところをきちんと解釈することに努めなければなりません。監視が防災の基本になります。

　2番目は、災害予測地域の想定です。火山による災害は多岐にわたりますので、噴火によってどのような種類の災害が起きるか、また規模はどの程度か、そしてそのような災害が起きたときにどの地域が被害を受けるのかという予測地域の想定を行い、それに基づいて対策を検討する必要があります。被害の予測地域が分からなければ、どのような対策を講じたらいいかとの対応はほとんど不可能です。

　そして3番目として、緊急対策の立案と試行です。災害予測に基づき、噴火時にどのような対策を行うか、避難をどのようにするか、その経路はどうするか、また緊急物資の輸送はどのルートを使うのか、あるいは降灰等による長期的な対策はどうするのかなど様々な対応を図らなければいけません。様々な事態を想定して、これらについては、緊急時における対策の立案を行い、そして

その案が机上のものだけではなく、繰り返し地域の住民と共に訓練等によって実践することによって、万が一災害が発生したときに臨機応変な措置が取れるということになります。
　この三つの要件を噴火が発生する前に準備しておくことによって、はじめて火山災害の軽減を図れるわけですが、その実践には長い時間を要します。災害予測図ひとつをとっても作成に数年を要している場合もあります。岩手山では、噴火の可能性が指摘される中で、追い立てられるように災害の軽減のための取組みが始められることになりました。

　　　　図6　火山災害の軽減のために

```
┌─────────────────────────┐
│  火山災害の軽減のために  │
└─────────────────────────┘
┌─────────────────────────────┐
│  1、火山活動の監視          │
│  2、災害予測地域の想定      │
│  3、緊急対策の立案と試行    │
└─────────────────────────────┘
```
　　　　　　　（他の自然災害にも準用可能）

6 地域連携の防災体制

　では、具体的にこのような体制づくりをいかにして進めたらよいのか。簡単ではありません。そのときに一つの参考事例となったのが、北海道の有珠山等における、北大グループを中心とした、地域連携型の火山防災です。北海道の火山は比較的噴火周期が短いということもあって、北海道大学の岡田　弘先生等をはじめとした火山学者が「減災のテトラヘドロン（減災の三角錐構造）」を提案し実践していました。これは、底辺に、火山活動の監視を行う研究者、その情報を基に防災実務を行う行政機関、そしてもう一つは、火山情報を的確に伝え、また火山活動に対する住民の啓発等の役割を担う報道機関、この３者がスクラムを組んで、頂点にある住民の安全を守るという考え方です。岡田先生が「科学者の理解だけでは、自然災害は減らせない。目指すのは、人の命を救える科学だ」と語っておりましたが、これはわれわれが岩手ネットワークシステム（INS）の「地震防災研究会」等において、地域の安全を守るために、行政、企業等ともスクラムを組むという考え方と共通のものがあったと思います。

　岩手山でも減災の三角錐の考え方に基づいて、火山防災体制の構築を進めることになりました。そして一方で、岩手山防災に関する担い手の不在の中で、何をどうするかの手掛かりになったのは、岩手で実践されてきた、地震・津波などの地域防災活動の経験でした。その経験が必然的に「INS方式」の火山防災の立ち上げを模索させることになったと言えます。

「臨時火山情報第1号」が発表された1週間後の5月8日、INS「地盤と防災研究会」に、その分科会として「岩手山火山防災研究会」の立ち上げが呼びかけられることになりました。1995年の火山性微動の発生以降、本格的な対応を迫られるには至らないものの、その挙動に一抹の不安を抱いていた筆者らは、火山・岩手山への理解を深めることの必要性を感じて、1997年11月29日に、東北大学地震・噴火予知研究観測センターの浜口博之教授、岩手山の火山史の研究を二十数年にわたって実施してきた地熱エンジニアリング㈱技師長・土井宣夫博士らを講師として、火山防災に関する講演会を開催していました。このような背景もあり、INS「岩手山火山防災検討会」は違和感なく立ち上げられ地域連携を基本とした火山防災の取組みの模索が始まりました。

写真4　INS「岩手山火山防災検討会」定例会
　　　第35回、2002年3月9日　岩手大学工学部食堂

7 「INS『岩手山火山防災検討会』の取組み」

　INS「岩手山火山防災検討会」のメンバーは、当初、斎藤代表幹事らが働きかけした岩手大学関係者、東北大学の浜口教授、土井宣夫氏、岩手県消防防災課など少数でしたが、火山防災マップの作成を目的に立ち上げられた公的な委員会「岩手山火山災害対策検討委員会」のメンバーがそのままINSにも参加することになり、その後加わったメンバーも含めて、約50の機関に所属する人々が集うことになりました。

　参加者の主な所属機関は以下の通りです。研究機関として、東北大学地震・噴火予知研究観測センター、岩手大学工学部・教育学部・農学部、岩手県立大学看護学部。行政関係機関として、盛岡地方気象台、国土交通省東北地方整備局岩手河川国道事務所、国土地理院東北地方測量部、環境省自然環境局東北地区自然保護事務所、陸上自衛隊岩手駐屯地、盛岡森林管理署、岩手県総務部消防防災課、岩手県県土整備部砂防課、岩手県農林水産部森林保全課、岩手県商工労働観光部観光課、岩手県生活環境部自然保護課、岩手県企業局、岩手県警察本部、盛岡市消防防災課、雫石町、滝沢町、西根町、玉山村、松尾村。ライフライン関係として、日本道路公団東北支社盛岡管理事務所、東北電力㈱岩手支店、東日本電信電話㈱岩手支店、東日本旅行鉄道㈱盛岡支社。報道機関として、NHK盛岡放送局、㈱テレビ岩手、㈱IBC岩手放送、㈱岩手めんこいテレビ、㈱岩手朝日テレビなどのテレビ関係各社。それに新聞社として、㈱岩手日報社、㈲盛岡タイムス、共同通信盛岡支局、朝日新聞盛岡支局、毎日新聞

盛岡支局、読売新聞盛岡支局、河北新報盛岡支局、時事通信盛岡支局、日本農業新聞盛岡支局。民間企業として、通研電気工業㈱、近計システム㈱、計測技研㈱、防災技術コンサルタント㈱など。また、その他、岩手県観光協会、滝沢村山岳協会、全労済岩手県本部、岩手県農業共済組合連合会など。以上が参加して出発しました。

　地域の安全を守るためには、関連機関の連携が不可欠です。しかし、従来の公的な委員会等であれば、一方的な情報の提示であり、関係機関の意見交換や、互いに何をなすべきかという連携の協議がなされることはほとんどありません。INSの会合では、各観測機関からの生の観測情報が提示され、率直な意見交換を行うことにしました。また、各機関が、防災のために何をなすべきか、それを相互に意見交換し、役割分担あるいは連携して取組みを展開することにしました。これらの議論は公的な委員会ではなかなかなしえないものであり、個人的な資格で、人のつながりを基本とするINSの会合でのみ実践できたものと考えられます。

　INSは、地元テレビ局、新聞社、また全国紙の記者についても公開で―もちろんどこまで報道するかということについては相互の信頼関係に基づいて行うことにいたしましたけれども―忌たんのない意見が交換され、しばしば不協和音をかもし出しかねない報道機関と行政との間に信頼感が築かれました。また、火山防災における報道の意義といったものについても、共通認識が作り上げられていきました。

　主なINS「岩手山火山防災検討会」の活動を以下に掲げます。

1．定例会の開催

　火山活動の現状認識や、公的な委員会では議論しがたい実践的な対策の検討、機関相互の連絡・調整を行う場で、岩手大学の工学部学生食堂を主に開催され、1998年5月16日から2005年4月まで54回開催されています。開催は土曜日の午後で、真剣な意見交換の後には、大学の食堂で、アルコールも出しながら、ざっくばらんなきたんのない意見交換が行われました。このような場で相互の機関が信頼感を積み重ね、また相互に何をなすべきかという役割分担も行われたということが、岩手山の火山防災を構築するに際して重要なベースになったと考えています。

2．報道機関との連携のための会合・説明会

　これについては、9節で述べます。

3．「火山噴火予知連絡会」や気象庁との連携

　公的な火山観測情報は、なかなか分かりにくい面もありますので、地元行政機関などへ火山活動のかみ砕いた説明や助言を行うこととしました。その取組みについては第8節で述べます。

4．火山観測情報の共有と情報発信の取組み

　研究者等から生の情報が発信され、またそれがセンセーショナルに報道されることによって起きる学者災害・報道災害を防ぐために、情報の共有化と地元への情報提供の要望など、各種の対応を行いました。

5．行政の火山防災体制構築への提言と支援

　火山防災マップや火山防災ガイドラインの作成は、やはり行政が中心になって設置した公的な委員会できちんと定められる必要があります。そのために必要な委員会として「岩手山火山災害対策検討委員会」の体制整備や充実への提言および参加、また岩手山の活動状況を地元にかみ砕いて説明するための「岩手山の火山活動に関する検討会」立上げへの助言及び参加等、幾つかの委員会の立ち上げとその実務をけん引する役割を担いました。「岩手山火山防災マップ」「岩手山火山防災ハンドブック」「岩手山火山災害対策図」「岩手山火山防災ガイドライン」等のマップあるいは理念の作成の実務は、INSのメンバーが事実上担当することになりました。

6．行政関係者・地域住民・学校生徒・民間企業などへの火山防災啓発活動

　火山防災セミナーや住民の説明会など、約150回に及ぶ啓発活動を行っています。

7．情報メディアを通じての啓発活動

　新聞における意見発表、あるいは岩手山周辺の6市町村の広報誌での解説等、あるいはラジオ・テレビでの解説等が繰り返し行われています。

8．防災先進地の視察や事例紹介

9．地元機関としての火山観測

　これらの活動がINS「岩手山火山防災検討会」のメンバーが中心となって行われました。

図7　岩手山火山防災マップ（報道用概略版）

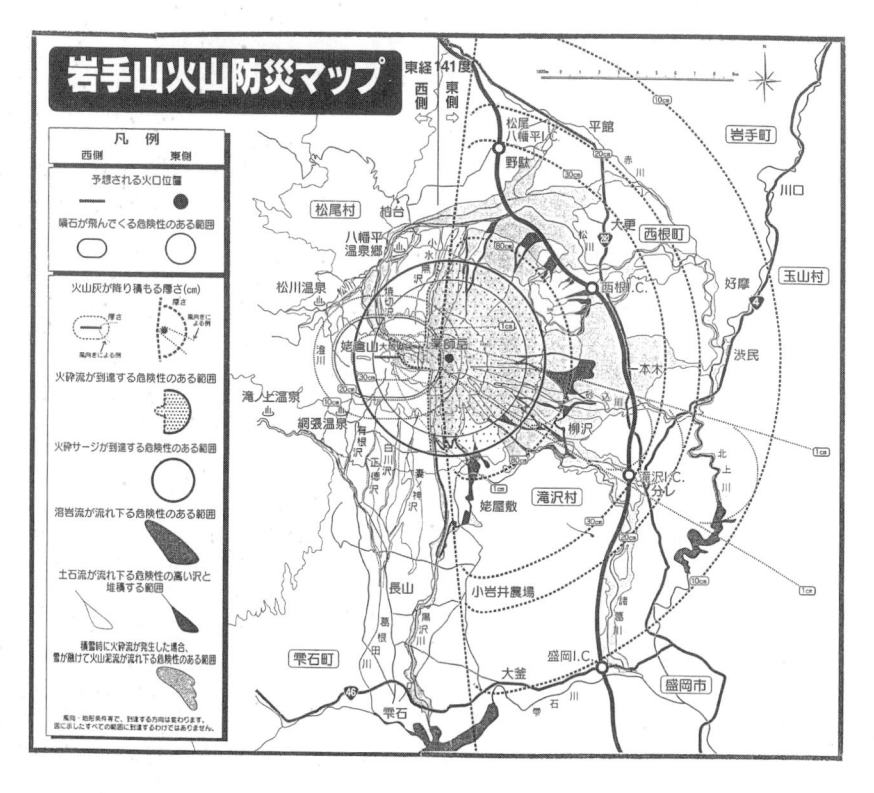

8 「研究者・行政の橋渡し」

　火山活動の現状に関する情報は、公的には気象庁から火山観測情報として発表されます。この情報を基に、地域防災の関係者が最も知りたいのは、今、安全なのかどうか、あるいは今、防災上どのような対応をすればいいのかといった点になります。

　しかし、気象台が発表する火山情報は、火山活動の現状を報告するのみで、防災実務に関する指示は含まれません。これは、火山の予測等が非常に困難であり、また、予測が外れても賠償できる体質の事柄でもないという背景に基づいて、気象業務法で「地震・噴火については、予知・警報の業務を除く」と規定されているからです。1998年6月24日「臨時火山情報第2号」が盛岡地方気象台から発表された時にも、会見に参加した多くの報道関係者から「それで、噴火するのかどうなんだ？　どう対応するんだ？」という質問が出ましたが、「気象台としては、今後も注意深く監視を続けます」という言葉以上の発言はありませんでしたし、またできないものであることを理解しておかなければなりません。

　一方、災害対策基本法上、住民の避難の勧告等についての指示は、市町村の首長から発することになっています。しかし、研究者でも予測しがたい火山噴火の被害について、火山知識もない市町村の首長さんが判断して勧告を発しなければならないこともまた、酷な一面があるといわざるを得ません。この火山観測データと防災実務の間の橋渡しをどのようにするかということが、火山災害に係わる地域防災においての最大の課題と言えます。

図8　学術情報の防災実務への変換

住民の安全、命を救うために

```
どの時点で・誰（どの機関）が
どのような判断をして・どのような対応を
```

火山活動に関する学術情報

　↓　　火山噴火予知連絡会（気象庁長官の私的
変　　　　　　　　　　　な諮問機関）
換　　気象庁（気象業務法13条、予報・警報の義務
　↓　　　　から地震・火山を除く）

避難の勧告・指示の権限（責務？）
　　市町村の首長

　　日本の火山の活動の評価は、気象庁長官の私的な諮問機関である「火山噴火予知連絡会」が関係機関の火山観測データを基に総合的に検討し、「統一見解」または「全国の火山活動」として発表されます。しかし、その内容には、やはり火山知識を持たない行政の防災担当者には難解なものであるし、また具体的な防災対応には言及していません。そこで、地元研究者を中心に、地元でなければできない山体の監視や各地の研究機関との連携による観測データの収集を行い、地元行政や住民へのかみ砕いた分かりやすい状況説明や防災対応に関する行政への助言などを行うこととして「岩手山の火山活動に関する検討会」を立ち上げることにしました。
　　この検討会には筆者、浜口教授、土井氏、青木謙一郎

東北大学名誉教授（途中から平林順一東京工業大学教授）の他、盛岡地方気象台長もメンバーとして加わることになりましたが、気象庁に籍を置く責任ある立場の人物がこのような委員会で議論に加わるのは異例のことです。地元の気象台が、一方的な火山情報の提示ではなくて、地域防災へ貢献する公的な機関としての認識に基づく連携の姿勢を示したということは大きく評価されることであり、このような背景のもとに、同検討会が防災実務を見据えた学術的な助言を行う位置づけがより明確になったと考えています。

　火山噴火予知連絡会には、浜口博之東北大学教授、臨時委員として土井宣夫氏などが加わっていますが、岩手山の火山活動に関する見解の背景とも言える意見交換の内容を理解するため、地元検討会の座長の筆者、および盛岡地方気象台長らが陪席させてもらうこととし、参加することになりました。また、地元の盛岡地方気象台に火山の専門家がいないために、気象庁に強く要請し、火山専門官が配置されることになりました。さらに、地元行政機関にも火山防災を専門に扱う人間が必要ということで、岩手県知事に要請し、火山対策監以下4名の岩手山対策に専念する行政マンが岩手県総務部消防防災課に配置されることになりました。

　火山防災マップの作成に関しては、これら担当職員をはじめ、岩手山の周辺にある6市町村の防災関係者が参加し、実務的な協議のうえでマップが作成されました。噴火の危機が叫ばれている中で、マップの作成は急務でした。正規の「岩手山火山災害対策検討委員会」には6市町村の首長さんたちも加わっていますが、実質的には、ワーキングを構成する現場担当者が岩手大学工学部の研究室に集まり、ほとんど毎日、想定作業に当たりました。

初めは火山知識のない市町村の現場担当者も、マップの作成が進むとともに様々な火山災害に対する理解が生まれ、またそれぞれが地元の市町村に帰って防災対策の協議をしたうえで、それをマップに反映するという繰り返しが行われました。そのために、例えば、当初「この川を越えて泥流が襲った場合には対応ができない、手が打てないと、うちの村長が言っている。無理だ」というようなクレームもあったりいたしましたけれども、マップの作成作業の進行とともに、現実的に命を守るための対策を考えるという方向に認識が変わっていった経緯もあります。

　このように、通常は学識経験者が助言しコンサルが作成するといった形の火山災害予測図が、防災実務の担当者等の協議の中で進められたこと、またマップの作成と同時に市町村における防災対策の構築が進められたことが、岩手山の火山防災マップの作成においては大きな特徴であったと思います。

　INSに集まる現場担当者のほか、噴火災害に際して防災実務の陣頭指揮に当たる関係機関のトップとも、危機管理についての認識の共有が図られました。検討会の委員、盛岡地方気象台長、岩手県警察本部警備部長、陸上自衛隊岩手駐屯地司令、岩手県総務部長、同県土整備部長、盛岡地方振興局長、建設省岩手工事事務所長、岩手山周辺6市町村長および岩手県知事らとの個別の協議も行われました。また、INSの検討会の交流会の延長上に位置づけられる交流会も企画されました。トップが一堂に会しての会合は相互の信頼関係を育む場となり、関係機関の連携強化を推進することにもなりました。

　このような経過を踏まえて、増田寛也岩手県知事は「岩手山の噴火時に際して、災害対策基本法では避難の

●「研究者・行政の橋渡し」

勧告は首長が行うことになっているが、自らが判断し助言する」との決意を示し、噴火時に大きな災害が予測される滝沢村の柳村純一村長は「自分が判断し、たとえ空振りになるにしても避難勧告を出すから、踏み込んだ学術的助言が欲しい」との決意をINS「岩手山火山防災検討会」に集う研究者に伝えました。

　このような経緯の中で行政の方向性も定まり、また研究者が地域防災の視点でより踏み込んだ学術的助言をすることが可能になったと言えます。そこで「岩手山火山防災ガイドライン」には、噴火時の避難勧告に関して、「県知事が『岩手山の火山活動に関する検討会』の学術的助言に基づき、協議・判断をして市町村に助言をする」など、縦割り行政の弊害を排除し、責任の所在を明確にした対応が図られることになりました。

　噴火に関して経験則のない岩手山では事前の噴火予測が難しく、緊急火山情報の発表は噴火後になる可能性もあります。そのような場合には、噴火直後に発生する火砕流や融雪型火山泥流には対応できないことが危ぐされていました。住民の安全を守るために、研究者の踏み込んだ助言が行政の判断と責任の下に生かされる体制が作られ、研究者と行政責任者が「住民の安全を守る」との理念を共有できたことは、岩手ならではの特筆すべきことと言えます。

図9　岩手火山防災ガイドラインの理念

| 岩手山火山防災ガイドラインの理念 |

| 基本理念 |

噴火は防げないが、災害は軽減できる。必要な対策を出来るところから実行し、火山と「共生」する「防災先進地」を目指す

| 推進の理念 |

実務的な対策は、| 国 || 県 || 市町村 | が | 連帯 | して責任を負う

地域の安全は、| 行政・防災関連機関 || 研究者 || 住民 | が | 連携 | してそれぞれの役割を遂行することにより守られる

図10　避難勧告までの流れ

岩手山火山防災ガイドライン

『県は、必要に応じて「岩手山の火山活動に関する検討会」から火山活動の現状に関する学術的助言を受け、警戒本部長（知事）中心に協議・判断し、市町村長に避難の勧告に関して助言する。』

| 学術的判断　→　防災実務判断 |

「火山活動に関する検討会」(学術的助言)
　岩手県知事（助言）
　市町村長（法的責任）

連携して対応
連帯責任

●「研究者・行政の橋渡し」

● 地域防災・減災　自治体の役割――岩手山噴火危機を事例に

図11　岩手山の火山活動に関する情報連絡体制図

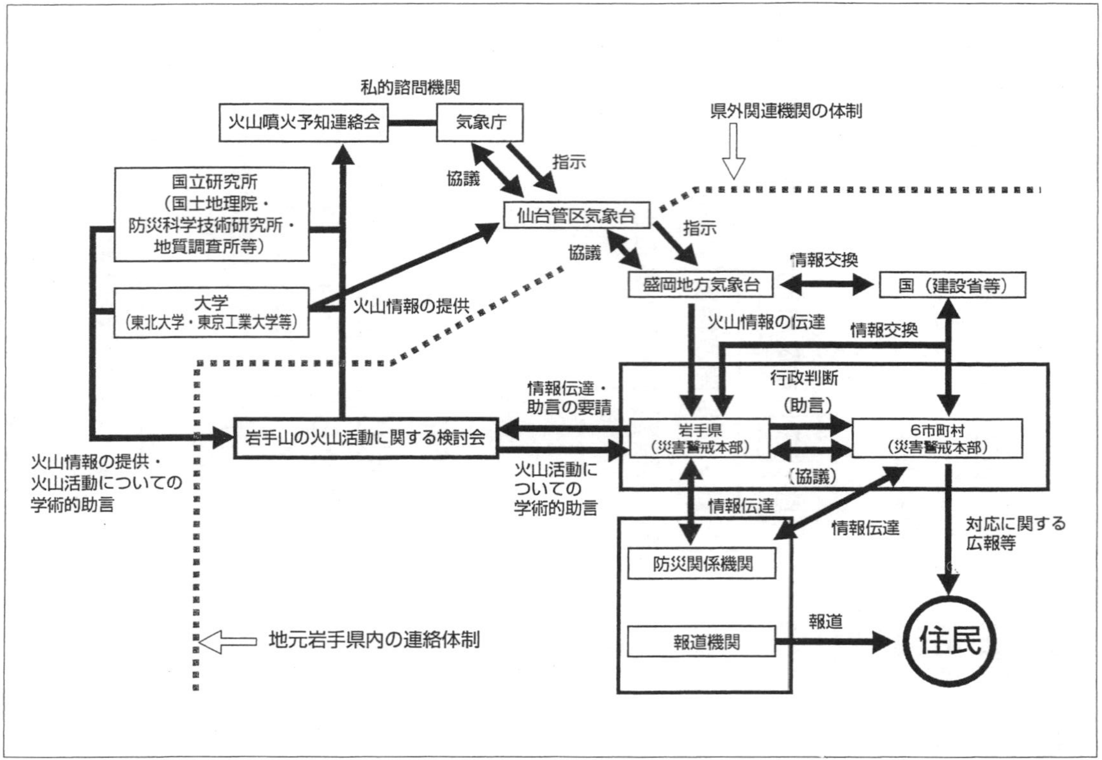

⑨ 「災害情報の公開と報道」

　これまでの地震・津波等に対する地震防災の取組みの中で、報道機関の果たす役割の重要さが指摘され、また北海道の火山における「減災の三角錐」体制でも、報道関係者が大きな役割を担うとの位置づけがなされていました。筆者らも、INS「岩手山火山防災検討会」の設立当初から、報道機関が地域防災に大きな役割を果たすとの認識のもとに、報道関係者に対する火山知識の研修、地域防災における報道の在り方などについて協議や啓発に力を注ぎ、INS検討会への参加も呼びかけました。

　噴火危機が叫ばれた1998年当初は、火山に関する知識を持たない報道関係者は、火山防災体制の立ち上げに奔走する筆者の研究室などで基礎知識の収集を図りました。それらの訪問に対しては、正しい火山知識を身につけ、岩手山の現状を理解し、さらに地域防災における報道の重要さを認識してもらうように、できるだけ丁寧な対応を行いました。翌日に掲載する新聞記事を脱稿した記者たちが研究室に集まり、取得した情報を提示して、また今後の防災の在り方に関して意見交換を行うこともしばしばありました。報道関係の幹部の方とも以前からの交流があった関係で、連携の重要さの認識も共有できるようになり、地元のテレビ局や新聞社には、火山担当記者以外の社員も対象に、岩手山の防災の基礎知識を得るための局内講習会等も開催していただきました。

　情報の共有を図るためには、公的な委員会はできるだけ公開として、報道機関を通じて広く情報を発信することに留意しました。「岩手山の火山活動に関する検討会」

のみは討議時間に限り非公開としましたが、「岩手山火山災害対策検討委員会」などその他の委員会は、開会から閉会まで公開しました。そして、閉会後の記者レクでは納得がいくまで質疑応答を行いました。入山が規制された後は、現地の状況は「岩手山の火山活動に関する検討会」のメンバーを主に行われた現地調査のみによってもたらされることになりましたが、その結果は報道関係者に詳しく説明するとともに、写真・ビデオなどの情報を提供しました。

　火山防災マップの公表などに際しては、事前に報道用の資料を配布することとしました。行政あるいは住民の方々を啓発し、理解していただかなければ、防災対応は十分に機能を発揮しえません。啓発のための最も効果的な手段は報道機関を通じて広く訴えることですが、複雑な背景や内容を火山知識の少ない住民に理解してもらうには、まず報道関係者の理解を求めること、それから十分な紙面や放送時間を確保してもらうことが重要と考えました。

　そのため、報道関係者に対する事前説明会を開催し、またテレビや新聞等で判読可能なマップの概略版等も別個に作成し、事前に提供いたしました。1998年10月9日に公表されたマップに関して、地元紙の『岩手日報』は第1面の大半を使ってカラー図を掲載し、テレビ各社も夕方の地元ニュース番組でマップの説明を詳しく行いました。また、新聞の見出しも「冷静な中に警戒を・万一に備え体制本腰」などと、危機感をあおるのではなく、冷静な対応を訴えるものとなっていました。

　INS「岩手山火山防災検討会」では、関係者から最新の火山情報が報道関係者の参加の中で討議されていましたけれども、この報道機関への徹底した情報公開は「報道機関が地域防災の大きな柱」との認識を広めることに

つながりました。

　情報の持つ意味、それらが地域の安全を守るためにいかに重要であるか否かが報道すべき情報の価値といった考え方が地元報道関係者に浸透し、「今日の災害より明日の防災」との考えが根づいていきました。

　地元経済への影響についても配慮がなされました。被害区域の想定が公表され、それに基づいて防災対策が前進していることを前面に、一部中央紙などの報道によって生じた風評被害に対して、地元観光地を元気づけるといった視点での報道も行われました。

　また、情報を隠匿しようとする場合に往々にして起きがちな行政関係者と報道関係者の対立といった構造もなく、住民の安全を守る、地域の安全を守るといった共通項で連携が組まれたのも、岩手山ならではの特徴と言えます。

写真5　県政記者クラブから、ニュース報道に貢献したとして、筆者と土井宣夫氏がゴールデンクラブ賞を受賞。増田岩手県知事らと記念撮影。

10 「自治体の火山観測への協力」

　岩手山の噴火対応で特徴的に挙げられることは、火山活動の監視に自治体が多大な尽力を行ったことです。地元、岩手大学では、火山研究を専門とする観測施設や研究室がないために、地震観測あるいは地殻変動等の連続的な観測は行いえませんでした。これらの観測は、気象庁のほか東北大学あるいは国の研究機関等によってサポートされましたけれども、これらの観測機器の設置やバッテリーの交換などのメンテナンスに関して、県のサポートがありました。

　阪神・淡路大震災以降に導入された岩手県の防災ヘリ「ひめかみ」は、岩手山観測についても大きな力を発揮しました。地元の研究者は、主に表面現象等、現地でなければなしえない調査に尽力しましたが、120回を超える「ひめかみ」による機上観測は、火山活動の現状を掌握するうえで大きな役割を果たしました。また、現地調査に当たっては、岩手山西側の姥倉山、黒倉山分岐付近、あるいは山頂直下の不動平付近に、機材および調査隊員を送り込んでくれました。これらの機動性がなければ、頻繁な表面現象の監視はほとんど不可能だったと思われます。また、入山規制の緩和にかかわる緊急通報装置の設置や登山道の整備等においても、資機材の運搬および人員の輸送に大きな役割を果たしました。

　一方、岩手県では、独自に地震計2箇所および地温計5箇所の設置を行っています。これは、岩手山西側において水蒸気爆発の可能性が指摘されたものの、各観測機関が計器の設置等の能力の限界を超えたということで、

従来にはない、地方自治体が独自に地震計を設置し、その記録を気象庁等に配信する役割を担ったものです。また、5台の地温計は、直接現地に行って測定しなければ掌握できない地温を連続的に観測して研究室のパソコンに送信するもので、表面現象の広がりや変化について貴重なデータを入手することが可能になりました。

　このほか、岩手山の構造探査においても、地震計の設置・回収に防災ヘリは多大な協力をしました。1999年および2000年には、東北大学地震・噴火予知研究観測センターを中心とする研究グループが、岩手山の山体内部の構造解明を目指して人工地震探査を行いました。岩手山の中がどのようになっているか、またマグマはどのように動いたかということを推測するために、中身の見えない山の構造を理解することは大きな意味があります。この計画は国の資金によって行われましたが、当初、6箇所の発破孔の予算しかなく、解析精度の維持を図るために、岩手県では爆破孔3箇所の掘削や爆破の費用を負担いたしました。また、岩手山の山中にも多くの地震計を配置することが必要ですが、これらの配置には多大な労力を要します。県の防災ヘリ「ひめかみ」が調査隊の運搬を行い、それぞれのクルーが山中への地震計の配置を行い、また回収を行うということで、この実験は成功裏に行われ、岩手山の活動の状況を推測するための貴重データが得られることになりました。

　雫石町では、小原千里消防防災係長を隊長に、山に詳しいボランティアも含めて「岩手山火山活動特別調査隊」を組織し、1999年6月から35回にわたって岩手山西側で表面現象の調査や多数の定点での地温測定を行っています。調査は「岩手山の火山活動に関する検討会」の機上観測や現地調査を補う役目も果たし、その活動は2001年

●「自治体の火山観測への協力」

3月に第5回防災まちづくり大賞の消防科学総合センター理事長賞を受賞しました。
　このように、自治体が火山観測の実務に協力するケースは今までほとんどなかったのですが、岩手県は先進的に連携した地域防災の取組みについての理解があったこと、またそれはINS「岩手山火山防災検討会」等において、担当者はもちろん部局の責任者が相互に連携を深めていたことなどによって実現されたと思われます。

⑪「入山規制緩和への道のり」

　岩手山では1998年7月1日から入山の規制が行われていましたが、その後、噴火に至ることなしに、火山性地震の回数も減少し、また地殻変動もほとんど見られなくなりました。この間、経済環境の悪化が背景にあるものの、風評被害による観光客の落ち込みなど、地域経済への影響も考慮せざるを得ない状況となりました。そのため、噴火の可能性が否定しきれない中で、火山活動の監視や登山者の安全確保体制の整備を基に、山頂までの入山規制の緩和を試みるという、わが国では例のない「火山との共生」の試みが模索されました。

　入山対策の要件として考えられたのは、①盛岡地方気象台が、観測や情報収集により、確実に臨時火山情報を発表する。②行政機関が、入山者へ確実に異常が発生したことを伝達し、下山を呼びかけるシステムを構築する。③入山者には、緊急通報装置などを自ら確認し、異常時には速やかに下山するという自己責任を啓発する、という三つの要件でした。

　第1の要件について、どのような異常をもって「下山が必要とされる」異常事態と判断するかの基準は、なかなか難しいところでありました。しかし、入山規制が避難の勧告や警戒区域の設定といった住民生活に重大な影響を及ぼす性質のものでないことを踏まえて、「臨時火山情報」の公表を基準にするという、より安全側に基準を考えました。

　気象台は防災対策の実務にはかかわらないことを基本にしています。しかし、岩手においては、「岩手山の火

山活動に関する検討会」も実務的に防災の検討に加わることを前提にしているものの、入山規制の再規制の根拠として「臨時火山情報」を位置づけることに盛岡地方気象台が異議を挟まなかったことは、大変特徴的なことです。これも、地元行政あるいは研究者と盛岡地方気象台とが強い信頼関係で結ばれていたことによるところが大きいものと思われます。

　第2の要件の緊急通報装置の設置に関しては、岩手山の周辺3町村の防災行政無線を活用し、登山道入口や山中の11箇所に防災行政無線によって起動する赤色灯・サイレン等による通報装置を設置することになりました。通報装置の起動は、携帯電話等を使えればシステムは簡単なのですが、岩手山の大半は携帯電話の通話区域外であり、緊急時に確実に情報を伝達するために周辺3町村の防災行政無線を起動に用いることにしたものです。そのために、岩手山周辺の市町村と県は「登山者安全協議会」を結成し、警報装置の設置や同時に装置を稼働するために県と町村との電話会議システムの整備など県主導のもとに3町村が連携して体制つくりが進められました。警報装置の基本的なシステムについては、INS「岩手山火山防災検討会」に集う企業あるいは研究者によって、検討が行われてきた実績にもとづいて作成されたものです。

　第3の入山者への自己責任を啓発するために、登山口に登山箱を設置し、入山カードと共に下山カードの提出を求めると共に、警報装置の確認など、注意喚起を行いました。なお、INS検討会には、各市町村の実務担当者も毎回参加していました。町村には多数の人材を火山防災の対策に従事させるだけのゆとりはなく、担当者が1人あるいはせいぜい数名という少ないグループで活動し

ていました。そのため、何をどのようにしたらいいかという戸惑いの中で、この現場担当者が常に連携をし、相互に信頼し合って事業に当たったことは、入山規制緩和のみならず、防災対策全体の事業の中で大きな支援となったと考えています。後日、滝沢村の担当者が素直に述べていました。「1人で何をしたらいいか、ただ戸惑いの中にいた。でも、こうやって各市町村の行政担当者と話し合い、スクラムを組むことによって、自分1人ではない、皆が協力し合って地域の安全を守るという、それに対する意欲と自信と支えが得られた」と。地域自治体の担当者の連携が、いかに大きな力になるかということを示していると思います。

　登山者の安全確保には、公的な委員会である「岩手山の火山活動に関する検討会」が活動評価を行い、「岩手山火山災害対策検討委員会」が安全対策の整備を確認することとしました。その結果に基づき、6市町村の首長と県が協議をして、2001年7月1日から、東側4ルートでの入山規制の緩和が行われました。この間、関連町村が協力しての「岩手山登山者安全対策マニュアル」の策定、緊急下山の訓練、あるいは通報装置の作動実験、様々な安全対策が市町村および県との連携によって行われました。その後、活動の低下および安全対策の構築とともに、2004年7月1日からは西側も含めた全山で入山規制の緩和が行われました。

　「火山噴火予知連絡会」において、しばらく統一見解等に示されていた「水蒸気爆発の可能性」という文言が2002年10月15日から削除され、噴火の危険性は少なくなったという認識が示されてはいたわけですが、活動が完全に元の状態に戻ったわけではない火山で、安全対策の実施とともに順次規制が緩められるという体制は、わ

● 「入山規制緩和への道のり」

が国では初めてのことです。このような対応が図られたのも、研究者・行政関係者が連携して安全対策を構築できたという、岩手山ならではの成果と考えられます。

写真6　鬼ヶ城分岐に設置された緊急通報装置、人物は筆者　2002年6月28日

⑫ 「『岩手方式』の意義」

　火山性地震が頻発し始めた1998年春から入山規制が全面解除になる2004年7月までの足掛け7年、岩手山では研究者・行政機関・報道関係者・住民が互いに連携して地域の安全を守る地域防災の在り方、すなわち「減災の四角錐」が模索されました。地域防災の担い手である住民を主体的に位置づけ、産学官民に報道機関を含めた、使命感に燃えた関係者が自主的に防災体制の構築にスクラムを組んでの実践は「岩手方式」とも称され、噴火前に構築された火山防災の体制は、他の火山の防災対策に携わる関係者からも注目されつつあります。住民には「生きている火山」との認識が欠如し、地元研究機関の火山観測体制や行政機関の防災体制が皆無であった岩手山周辺で多くの失敗を繰り返しながらも、今日の火山防災対策が短期間に築き上げられたことは、評価されると思われます。

　その成果として、以下のようなものが挙げられます。

1. 火山観測機関相互の火山観測情報の共有と正確な情報発信体制
2. 岩手県による観測機器の整備や、他機関の火山観測への地元企業や行政の支援
3. 報道機関への徹底した情報公開による関係機関相互の信頼関係の醸成
4. 報道機関独自の監視映像や取得情報の関連機関への提供
5. 「火山噴火予知連絡会」や気象庁との連携に基づ

きながら、防災実務に役立てる情報を発信する「岩手山の火山活動に関する検討会」の活動
6. 「岩手山火山防災マップ」の作成や、わが国初めての火山防災の指針である「岩手山火山防災ガイドライン」の策定。特に、火山活動の評価から住民避難指示における、知事・市町村長などの役割と責任の明確化
7. 国・県・市町村相互の責任分担と連携強化の実践
8. 風評被害の観光地支援や入山の規制緩和に向けた安全対策への関連機関の連携
9. 地域住民や学校生徒への火山の恵みと防災にかかわる啓発活動

　これら多くの防災対応の実践は、関係者の「ひと」と「ひと」の交流に基づいて構築されたものといえましょう。

写真7　INS「岩手山火山防災検討会」出席者第16回定例会、2000年3月25日（岩手大学工学部食堂）

13 「キーパーソンと強力な指導力」

　岩手山において、活動の初期には皆無であった火山防災体制が短期間に作られたということの理由を考えたときに、岩手山が実際に活動を始めたという背景はもちろんですが、防災体制を推進するためのキーパーソンの存在、特に研究者と行政、自治体関係者との強力な接点を持って防災を推進するリーダーの存在が重要であったと考えられます。

　その1人は、浜口博之・東北大学大学院理学研究科地震・噴火予知研究観測センター教授で、噴火周期が長く、経験則の蓄積のない岩手山で事前の兆候を精度よく観測することを目指して、岩手山周辺4箇所（その後1箇所増設）の地下に地震計・傾斜計などを設置し、多項目観測体制の整備を終えていました。常時観測火山の対象でなく、気象庁も常置観測点を持たない岩手山で、噴火時の防災対応の指針が策定され、その後段階的に入山規制の緩和が行われたのも、これらの定常観測点の存在によるものです。

　2人目として、土井宣夫・地熱エンジニアリング㈱技師長（当時）です。土井氏は、同社に入社以来二十余年、本務とは別のライフワークとして、岩手山の噴火史の調査・研究を地道に進めていました。噴火対策の立案に不可欠な災害予測地域の想定は、土井氏の研究成果がなければ不可能であったと思われます。

　本人がみずから記述するのは大変おこがましいのですが、3人目として、筆者（当時、岩手大学工学部教授）が挙げられます。筆者は、産学官連携の先駆として全国

的にも知られるようになった「岩手ネットワークシステム（INS）」（会員約1,000人、33研究会）の運営委員長として、「人つながり」の輪を拡大し、また阪神・淡路大震災以降、岩手の地震・津波災害の軽減を目指してINS「地盤と防災研究会」を主宰し、地域防災の在り方を模索し実践していました。岩手山防災の「人つながり」のベースとなった、INS「岩手山火山防災検討会」などの呼びかけを積極的になしえたのは、筆者が岩手県の総合計画の起草を担当するなど多くの機会に係わり、県・市の部局長さんなど幹部の方々ともINSを通じた関係で「おい」「やあ」と言える間柄であったことも背景にあります。

　キーパーソンの３人に共通していたのは、地域の安全を自分達が守るという熱い使命感でした。誰かが欠けていても岩手山の防災体制はここまで築き上げられなかったでしょう。ところでこのたびの噴火危機は絶妙のタイミングであったとの指摘があります。10年前であれば土井氏の噴火史研究はここまで解明が進まず、災害予測図の作成は困難でした。10年後であれば浜口教授（あるいは斎藤も）は停年退官で大学を去っていたことになります。

　「行政と研究者の橋渡し」と一言で言えても、実質的な関係を築き上げることは簡単ではありません。研究者がたとえ１人でも、行政関係者と太いパイプを持ち、防災実務に対してはっきりものが言える関係があることは大変に重要です。行政関係者が初めから火山災害に深い認識を持ち、また地域防災の在り方に対する意欲と使命感を持っているわけではありません。そのために、ときには研究者が行政関係者をどなるというような厳しい環境も、また防災対策の構築には必要になってきます。

大変失礼なことであったと改めておわび申し上げますが、防災マップの発表の前に、避難場所のミスに対する責任の所在のなさに、担当者を会議中にどなりつけたこともあります。また、「岩手山火山災害対策検討委員会」がマップの公表を行った時には、「これでこの会議はおしまい」という雰囲気が事務局から流されました。モノをつくって発表すると、それで責任はすませたとのスタイルです。火山防災マップは、これに基づいて緊急対策を立案し、また訓練等を試行することで初めて生かされてくるのです。「マップを作って委員会が終わりになるならば、一体何のための委員会だ！」と、委員長である筆者は「今後、マップを生かすためにこの委員会を継続しないのであるんだったら、マップの公表前にこの委員会を解散する。みんなでマップ作成にスクラムを組んで進もうという、あの意気込みは一体どこに行ったのか！」と、テーブルをたたいたこともありました。
　一方、公民館における住民説明会において、役所の担当者では言えないことを、研究者としてあえて代弁したことも数多くありました。
　様々な経緯がありましたが、痛感させられたことは、自然災害からの減災を考えるうえで、やはり学術的な知識やデータを持つ研究者が、高い見地からただただ「御意見」を述べるのではいけません。そして、実務担当者と腹を割った議論を展開する、率直な意見交換をして啓発を図るとともに自らが防災体制づくりに汗して行動することが必要だということです。

14 「今後の共生への課題」

　2004年7月1日に全山で入山規制が解除されて以降、岩手山防災の視点での岩手山報道は激減し、住民の防災の意識は急速に薄れつつあります。人間が「忘れる」という特権を神から享受し、よってつらい過去の体験も忘れることで人生を生きるものとするならば、忘れたころにやってくる災害は避けられない宿命かもしれません。この6年余りで、火山の恵みと火山防災に関する啓発活動は多く行われました。しかし、三宅島島民3,800人、有珠山周辺住民約3万人に対して、岩手山周辺には約40万人が生活します。避難訓練や説明会に参加した人の割合はごく少ないのが現実です。万一活動が活発化した場合に備えた、継続的な啓発への取組みも必要と思います。

　一方で、様々な防災対応の過程で、防災のプロとも言える行政担当者は多く育てられました。しかし、そのほとんどはごく短期間に異動し、経験によって培われた専門的な行政能力は元に戻り、地域の防災力は必ずしも増強されません。自治体においては、防災専門職員に対して、専門性と継続性、そしてしかるべき処遇が必要であることは従前から指摘されているとおりですが、システムの変革は容易ではありません。

　また、「岩手方式」のベースにもなっている、「ひと」と「ひと」との交流をどのようにして維持していくかも課題です。キーパーソンが欠ける事態などで、活動が停止する危ぐがないとは言えません。長期的な活動には、北海道における例のような、自治体による「火山防災協議会」といった公的組織の立ち上げも考えられます。し

かし、その運営は、先進地・北海道でも模範にできる状況にはありません。いっそ平常時には活動を休眠化しても、いざという場合に火山防災の経験者を一斉に招集する「岩手山防災再起動プロジェクト」といったシナリオを用意するほうが現実的とも考えられます。

　「火山と共生する防災先進地を目指す」との「岩手山火山防災ガイドライン」に掲げた理念が色あせぬように、新たな防災体制作りの模索が始められなければなりません。

写真8　黒倉山山頂から立ち上る噴気、左は岩手山山頂
　　　2003年2月18日、岩手山防災ヘリコプター「ひめかみ」から撮影

第5章「減災の四角錐　安全を守る連携の形」

1 「岩手で実践された減災の四角錐体制」

　岩手山では、有珠山で提示されていた、研究者・行政機関・報道機関が連携して、頂点の住民の安全を守る「減災のテトラヘドロン」をモデルに、住民を防災対応の主体の一部に強調した「減災の四角錐」体制を目指して、構成する4者が互いに連携を深めてきました。住民とひざを突き合わせての顔の見える話し合いは150回を超え、地域の住民の方々からの要請で開かれた説明会も数多くあります。岩手県および周辺市町村が主催する岩手山噴火対策防災訓練も6市町村を巡って9回開催され、避難場所での住民との直接の対話も繰り返されました。

　「住民の安全に役立つか否かが情報の価値」「今日の災害より明日の防災」との共通認識に立っての報道関係者との緊密な連携も「岩手方式」の大きな特徴です。「研究者は、仮定・前提を強調して分かりにくい」との報道関係者の指摘に、かみ砕いて、子どもにも分かる明確な説明を心掛けました。特に、ここまでは分かる、この先は分からないといったことを正直に語ることにしました。報道関係者への徹底した情報公開と忌たんのない意見交換は、ときに相互不信を招きかねない行政担当者と報道関係者との信頼関係をも築くことになりました。入

山規制の一時緩和の際に、徹夜で取材に当たった報道関係者を集めて、報道関係者と防災関係者との慰労会も開催されました。また、転勤する中央紙の記者の歓送会が「戦友を送る」との斎藤代表幹事の呼びかけで開催されたことなどは、岩手ならではの象徴的なことと言えましょう。

「岩手方式」の火山防災の取組みは、永年にわたって培われていたINSの連携活動、強力なリーダーの存在、火山の山体が一つの県に位置するなどの地域性など、岩手山でのみ該当する特殊な背景の下に進められてきたものです。しかし、このゼロからの急速な火山防災体制の立ち上げは、噴火周期が長い多くの本州の火山において、貴重な先例と位置づけられると考えます。

図12　減災の四角錐

減災の四角錐

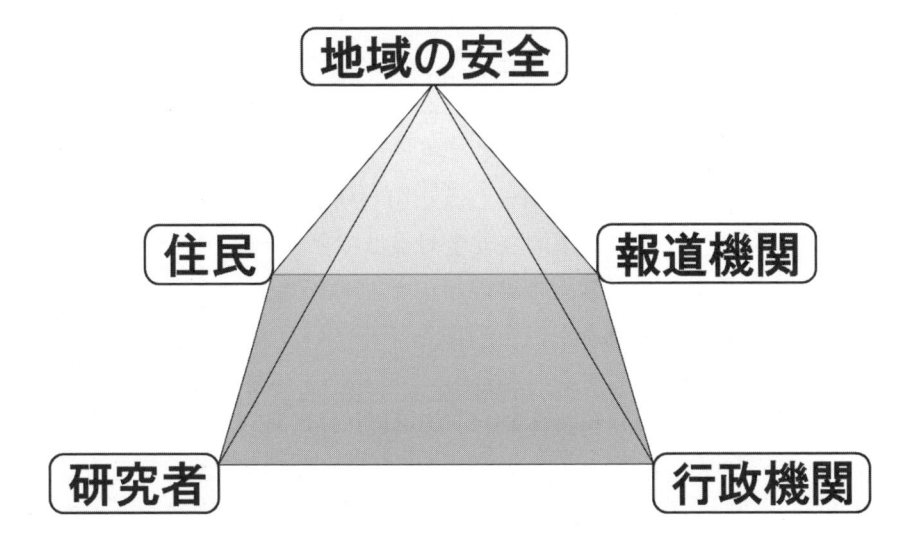

地域の安全
住民
報道機関
研究者
行政機関

2 「あらゆる自然災害へ適用できる」

　前章で述べた減災の四角錐体制は、岩手山の火山噴火に対応する対策として構築されたものです。しかし、あらゆる自然災害に、連携の在り方として適用できるものと考えます。

　地震時においては、事前の予知は困難であるとしても、危機管理体制の整備や長期的な町づくりには、研究者・行政・企業・住民、様々な立場の人の連携が必要です。また、その啓発については報道機関が重要な役割を担っています。

　地震の発生を予知することは困難としても、事前の対策を講ずるうえで、連携の仕組みは重要な役割を果たします。また、地震発生以降の危機管理の体制作りには、行政機関、ライフライン、あるいは企業、様々な機関が連携して対応する必要があり、日ごろからこのような連携を培っていくことは、いざというときに大きな力になります。

　風水害への対応にしても、ハードの対策を主に行う国、また直接住民と向き合う市町村等の日ごろからの連携がなければ、効率的な安全対策はできません。

　また、土砂災害等の事前予測のできないものに対しては、住民自身が自らの命を守るという意識を啓発することも大切です。

　減災の四角錐体制は、基本的にはいかなる災害に対しても応用できるものであり、各地域で試行されることを願うものです。

③ 「あらためて自治体がなすべき役割」

　岩手山では、活動の活発化を受けて、火山監視体制の強化、「岩手山火山防災マップ」の作成、全国初の「岩手山火山防災ガイドライン」の策定、地域住民の火山防災意識の啓発や噴火対策・防災訓練の実施など、緊急対策の立案と試行が実践されました。減災の四角錐構造に基づく岩手山の防災体制の構築は、一定の前進を見たと考えています。

　しかし、1998年以降の岩手山の活動と噴火危機対応の経緯を振り返るとき、筆者は冷や汗が噴き出るのを覚えます。後の研究成果によると、岩手山で地表近くまでマグマが貫入したのは、1998年2月から4月、および同年8月と推定されています。噴火の可能性が最も高かったとされるこの時期には「岩手山火山防災マップ」も「岩手山火山防災ガイドライン」も出来上がってはおらず、岩手山防災はいわば丸腰の状態であったのです。このときにもし噴火が起きていたならば、混乱の極みにあったことは想像に難くありません。また、岩手山の異変を最初にとらえたのは、火山観測精度の向上を目指して従前から整備が進められていた、東北大学地震・噴火予知研究観測センターの観測井の地震計でした。

　これらの事実は、岩手山の噴火危機対応での最大の教訓は、平時の備えの重要さの再認識であるということを示しているのです。すなわち、このたびの噴火危機対応の終わりは、次の噴火に備えた対応のスタートであるとも位置づけられます。岩手山の火山防災で得たこれらの教訓は、地震災害・津波災害・風水害等、いずれの自然

災害についても該当する事柄と考えられます。平時からの防災対策の推進には、自治体の防災担当者のリーダーシップが大きなカギとなります。しかし、現在の体制では、自治体の防災担当者特に、その責任を担う防災室長あるいは防災課長という任務は２年、長くて３年というサイクルで異動になり、長期的な視点での対応を進める時間を持てません。また、災害に対応する能力は、一つ一つの災害を経験し、また他の地域における災害に対する対応を学ぶことによって培われます。人が替わることによって、事務上の引き継ぎはなされるといっても、つみ重ねられた経験や養われた判断能力などは引き継ぎされるわけにはいきません。

　また、３月31日にファイルの中に「委細、口頭で」と１枚の紙を挟んで担当が替わるというのはジョークにしても、５年にいっぺんは貴重なデータもすべて破棄されるのが役所の現実です。異動を全くなしにということは難しいにしても、自治体の中で防災については、専門的な知識を持ち経験を積んだ専門職を継続的に任に当てることが不可欠です。

　また、防災の担い手は最終的に地域の住民であり、行政と住民との意思の疎通、連携、信頼関係を築くことが大事です。そのためには、継続的な施策の実施、また「ひと」の顔の見えるネットワークの構築などが重要になります。特に、長期的な災害に強い町づくりのためには、将来を見据えた長期的な計画の立案と継続的な取組みが求められます。

　20年後、30年後の防災都市の構築を目指すためには、一歩一歩災害に強い町をつくっていく地道な努力が必要なのです。このたびの岩手山の火山防災対応においても、活動の初期から火山活動の経緯を理解し噴火危機対応に

向き合ってきたのは、筆者を含め、ごく少数の人間になりました。行政関係者では、職位が変わりつつも消防行政に携わるごく一部の担当者が残るのみです。全国紙はともかく地元の新聞社の担当記者も7人も替わっているのが現実です。「新しい地域づくり」で提唱した、「安全」がこれからの生活の大きな要素となるとするならば、自治体は、自立・参画・創造の理念を自らに問い直して、本腰を入れて継続的な地域防災に対する取組みを始めるべきではないかと、筆者は考えるのです。

　なお、本書では触れませんでしたが、その成立に2000万人以上の署名を集めながら中途半端に留まっている「被災者生活援助法」を拡充し、自然災害に対する国民的保障制度を確立することが、災害列島日本では不可欠であることを特記したい。使途のあいまいな増税には例え1000円でも反対したい国民も互助のための分担なら理解を得られると思います。そして、それまではわたしたち自身が自助努力として自然災害保険に加入するなど、自らを守ることも大切です。

おわりに

　筆者の勤務する岩手大学は、冬になるとキャンパスの上空を白鳥が隊列をなして飛び交う、全国でも珍しい環境にあります。「見上げれば白鳥の羽ばたき　岩手大学」、法人のキャッチコピーにならないかなどと考えています。毎年3月に、ガウッ、ガウッと鳴き声を上げながら北の地に旅立つ姿を見ると、なにゆえに何千キロもの旅をと、生きとし生けるものの宿命をおもんばかって、ふと涙がにじみます。

　人間は高度な文明を築き、あたかも地球上に君臨しているかのように振る舞っていますが、わたしたちは白鳥と同じく、地球という環境システムの中で生かされている存在なのです。生きている地球の息吹が、たまたまわたしたちの生活に害をなす場合、わたしたちは自然災害ととらえます。しかし、地球の息吹をわたしたちが止めることはできない以上、災害から逃れることはできません。そして、手をこまねいていれば、わたしたちの生存基盤はどんどん失われていくことになります。人類の未来をかけて、わたしたちは減災への努力をしなければならないのです。

　1998年岩手山の噴火危機対応に対して、地元の大学が地域の安全に貢献できなければ地方大学の存否にかかわるとの強い危機感と、自分たちの地域の安全は自分たちで守るとの強い使命感を抱きました。国立大学の法人化で、地域に必要とされる大学として自立を求められる中で、その思いはさらに熱く感じています。

少子化の流れは変わらず、また従前のような飛躍的な経済発展も望めない社会で、より安全で心豊かな地域づくりは自治体の大切な任務となります。減災の四角錐を構成する研究者、行政関係者の多くは公務員なのであり、公務員が本来の職務を全うすることによって頂点の地域の安全を支えることが可能になるのです。自治体は地域防災の担い手として、長期的視点で施策を立案し実行する体制を確立し、職員一人ひとりが使命感に燃えて前進するよう意欲を持ってほしいと願っています。

　自治体が新しい地域づくりに様々な努力をしていることは十分認識し、敬意を抱いております。本冊子では地域防災との視点であえてきつい私見を述べさせていただいたことをお許しいただきたい。

　筆者も岩手山噴火危機対応の経験を生かし、新たな地域連携の在り方を模索しつづける所存です。本書が、わたしたちの安全を守るのにいくばくかの参考になれば、うれしく思います。

参考文献

1）伊藤　洋（2004）、法人化後の国立大学の現状と課題①、文部科学教育通信、No.109、pp.22-23
2）岩手県（1999）、岩手県総合計画―新しい岩手、21世紀へのシナリオ（基本構想・基本計画）、pp.24-26.
3）斎藤徳美（監修）・土井宣夫・菊地真司・吉田桂治（編集）（2005）、1998年岩手山噴火危機対応の記録、国土交通省東北地方整備局岩手河川国道事務所・岩手県、525p.

　文献3）は岩手県総務部総合防災室のHPよりダウンロードできます。

●著者紹介

斎藤　徳美（さいとう　とくみ）

1945年秋田県生まれ
東北大学大学院工学研究科博士課程修了（工学博士）
岩手大学工学部助手、助教授、教授を経て
国立大学法人岩手大学理事・副学長
岩手山の火山活動に関する検討会座長
岩手山火山災害対策検討委員会委員長
青森・岩手県境不法投棄現場の原状回復協議会委員長
盛岡市環境審議会委員長、盛岡市防災懇話会座長
岩手ネットワークシステム「地盤と防災研究会」会長
同「岩手山火山防災検討会」代表幹事　など

最近の主な著書

- 1998年岩手山噴火危機対応の記録（監修）、（国土交通省東北地方整備局岩手河川国道事務所・岩手県、2005年）
- 火山噴火に備えて（分担執筆）、（土木学会、2005年）
- 岩手山防災を語る－斎藤教授の放送・講演集、（岩手大学、2004年）
- 岩手山の火山活動と防災対応の経過、（岩手大学、2003年）
- 物理探査ハンドブック（分担執筆）、（物理探査学会、2000年）　ほか

岩手山の火山活動と防災対策のページ（岩手大学工学部建設環境工学科地下計測学研究室ホームページ）
http://mtiwate.cande.iwate-u.ac.jp

コパ・ブックス発刊にあたって

　いま、どれだけの日本人が良識をもっているのであろうか。日本の国の運営に責任のある政治家の世界をみると、新聞などでは、しばしば良識のかけらもないような政治家の行動が報道されている。こうした政治家が選挙で確実に落選するというのであれば、まだしも救いはある。しかし、むしろ、このような政治家こそ選挙に強いというのが現実のようである。要するに、有権者である国民も良識をもっているとは言い難い。

　行政の世界をみても、真面目に仕事に従事している行政マンが多いとしても、そのほとんどはマニュアル通りに仕事をしているだけなのではないかと感じられる。何のために仕事をしているのか、誰のためなのか、その仕事が税金をつかってする必要があるのか、もっと別の方法で合理的にできないのか、等々を考え、仕事の仕方を改良しながら仕事をしている行政マンはほとんどいないのではなかろうか。これでは、とても良識をもっているとはいえまい。

　行政の顧客である国民も、何か困った事態が発生すると、行政にその責任を押しつけ解決を迫る傾向が強い。たとえば、洪水多発地域だと分かっている場所に家を建てても、現実に水がつけば、行政の怠慢ということで救済を訴えるのが普通である。これで、良識があるといえるのであろうか。

　この結果、行政は国民の生活全般に干渉しなければならなくなり、そのために法外な借財を抱えるようになっているが、国民は、国や地方自治体がどれだけ借財を重ねても全くといってよいほど無頓着である。政治家や行政マンもこうした国民に注意を喚起するという行動はほとんどしていない。これでは、日本の将来はないというべきである。

　日本が健全な国に立ち返るためには、政治家や行政マンが、さらには、国民が良識ある行動をしなければならない。良識ある行動、すなわち、優れた見識のもとに健全な判断をしていくことが必要である。良識を身につけるためには、状況に応じて理性ある討論をし、お互いに理性で納得していくことが基本となろう。

　自治体議会政策学会はこのような認識のもとに、理性ある討論の素材を提供しようと考え、今回、コパ・ブックスのシリーズを刊行することにした。COPAとは自治体議会政策学会の英略称である。

　良識を涵養するにあたって、このコパ・ブックスを役立ててもらえれば幸いである。

自治体議会政策学会　会長　竹下　譲

COPABOOKS
自治体議会政策学会叢書
地域防災・減災　自治体の役割
―岩手山噴火危機を事例に―

発行日	2005年10月8日
著 者	斎藤　徳美
発行人	片岡　幸三
印刷所	倉敷印刷株式会社
発行所	イマジン出版株式会社©

〒112-0013　東京都文京区音羽1－5－8
電話　03-3942-2520　FAX　03-3942-2623
http://www.imagine-j.co.jp

ISBN4-87299-398-5　C2031　¥1000E
乱丁・落丁の場合には当社にてお取替えいたします。